Rolf Kunze

Schnitzen und Drechseln

wie im Erzgebirge

Rolf Kunze

Schnitzen und Drechseln

wie im Erzgebirge

Werkstattbuch mit Anleitungen und Vorlagen

Augustus Verlag Augsburg

Die Deutsche Bibliothek – CIP-Einheitsaufnahme

Kunze, Rolf:
Schnitzen und Drechseln wie im Erzgebirge : Werkstattbuch mit Anleitungen und Vorlagen / Rolf Kunze. – Augsburg : Augustus-Verl., 1993
ISBN 3-8043-0190-8
NE: HST

Lektorat: Manfred Braun
Umschlaggestaltung: Christa Manner, München
Layout: Vera Faßbender und Michael Stiehl

AUGUSTUS VERLAG AUGSBURG 1993

Satz: Modifizierte Garamond-Antiqua ITC,
Fotosatz Völkl, Puchheim
Reproduktionen: Colorline, Verona
Druck und Binden: Neue Stalling, Oldenburg
ISBN 3-8043-0190-8
Printed in Germany

Bildquellen

Arnold, W. Zschopau: S. 21

Autor: Bildarchiv S. 9, S. 36 (Katalog König-Albert-Museum, Zwickau), S. 40, S. 60 (aus Rejnson-Prawdin, A. N.: Russische Volksskulptur aus Holz. Moskau 1958), S. 87, S. 122 (aus Insel-Bücherei Nr. 495)

Autor: eigene Fotos S. 6, S. 14, S. 23, S. 28 oben, S. 37, S. 50, S. 51, S. 52, S. 53, S. 55 rechts, S. 57, S. 59, S. 77, S. 80, S. 85 oben, S. 89 rechts, S. 103 oben, S. 105 Mitte, S. 105 unten, S. 108 oben, S. 112, S. 126, Umschlag (Rückseite Bild links und rechts)

Georgi, Chr., Schneeberg: S. 10, S. 11, S. 15, S. 18, S. 19, S. 22, S. 55 links, S. 61, S. 64, S. 66 links, S. 66 rechts, S. 67, S. 68, S. 71 unten, S. 71 oben, S. 81, S. 86, S. 89 links, S. 90, S. 91, S. 92 links, S. 92 rechts, S. 93, S. 94, S. 95, S. 96 oben, S. 96 unten, S. 101, S. 102, S. 103 unten, S. 121, S. 123, S. 124, S. 125.
Umschlag Rückseite, Bild Mitte

Leichsenring, Cl., Leukersdorf: S. 39 links, S. 80 oben, S. 80 unten links

Lipa, Kl., Augsburg: S. 25, S. 27, S. 28 unten, S. 30, S. 31, S. 41, S. 46, S. 47, S. 73, S. 85 unten, S. 98, S. 109 sowie Titel und Innentitel unter Verwendung von Schnitz- und Drechselarbeiten, die freundlicherweise von den Firmen Anno Domini Antiquitäten und Erzgebirgsholzkunst Rolf Siebert, beide in Augsburg, zur Verfügung gestellt wurden.

Schreiner, H., Aue: S. 12, S. 39 rechts

Schröter, W., Markkleeberg: S. 7

Inhalt

1 Einführung

*Jakob Kurz (Bergzimmerer aus Berchtesgaden * 1831 † 1908): Salinenarbeiter. Holz, bemalt, Höhe 46 cm.*
Arbeiter im Salzbergwerk, die das Schnitzen als zweiten Beruf ausüben durften, bildeten in ihren Schnitzwerken mit großer Sachtreue ab, was sie in ihrer Berufsarbeit und in ihrer ländlichen Umgebung beobachten konnten.

Schnitzen fordert die Kreativität des Menschen

In seiner Entwicklungsgeschichte ist der Mensch von Anfang an vom Naturstoff *Holz* umgeben. In dem Grad, wie er lernt, diese Gabe der Natur zu seinem *Werkstoff* zu verwandeln, so erfolgt seine eigene Höherentwicklung. Das Holz, notwendig zu seinem Lebenserhalt, gebraucht als Baustoff, Werkstoff für Gerät und Werkzeug, auch als Brennstoff, fordert den Menschen in den Stadien seiner Entwicklung bei der Auseinandersetzung mit den Gewalten der Natur. Mit den physischen Eigenschaften wachsen bei der lebensnotwendigen Tätigkeit seine geistigen Kräfte. Erfahrungen, bei handwerklicher Tätigkeit gewonnen, führen bei dem Wesen *Mensch* zu Eigenschaften, die nur ihm unter den Lebewesen auf der Erde zu eigen sind. Die Fähigkeit, Vorgänge zur Befriedigung von Lebensbedürfnissen vorauszudenken und in einer gedanklichen Ordnung zu vollziehen, bezeichnen wir als *Kreativität*.

Geschnitzte Figuren sind Ausdruck des Zeit- und Lebensbildes der Menschen

Zur Gestalt im Holz tritt der Mensch seit seiner Frühzeit in gedankliche Beziehung. In seinen gewachsenen Formen werden Figuren gesehen, »belebte« Wesen, die dem bedrohten Wesen Mensch inmitten der gewaltigen Natur schaden oder die ihn schützen.

Seitdem der Mensch lernte, mit Werkzeug umzugehen und damit Naturstoffe zu bearbeiten, formt er das relativ leicht abzutragende Material Holz selbst zu Figuren um. Er verleiht dem Stamm mit der Form, die er ihm mit dem Werkzeug aufzwingt, magische Kräfte: vermeintlichen Schutz vor Krankheit und Unwetter, Fruchtbarkeit, Kraft des Jagdzaubers. Figuren aus beständigem Material bezeugen dies aus grauer Vorzeit. Beschnitzte Stämme von Moorfunden und ethnologische Kultgegenstände aus allen Gebieten der Erde, die nicht von moderner, oft zerstörender Zivilisation berührt sind, beweisen dies tausendfältig. Im europäischen Raum und den antiken Staaten am Mittelmeer finden wir Jahrtausende vor Christi Geburt neben Figuren aus Stein und gebranntem Ton auch eine hochentwickelte Holzschnitzkunst. Handwerker-Künstler aus dem Volke schnitzten den höchsten religiösen Würdenträgern in Ägypten für das zweite Leben nach dem Tode Figuren von Mensch und Tier, ihnen zu dienen. Diese Grabbeigaben schildern voller Realistik Lebensumstände im Reich der Pharaonen. Die Schnitzer kleiner Figuren, die nicht den hierarchischen Zwängen für die Monumentalbildhauer unterliegen, konnten in ihren geschnitzten Formen das reale Leben im Erfahrungsfeld ihrer Umwelt unbeeinflußt von Reglements abbilden.

In den Phasen christlicher Kunst, in denen das plastische Abbild menschlicher Figuren nicht verboten war, wurde biblisches Geschehen meist im Zeitkolorit dargeboten. So erhalten wir Einblicke ins höfische Leben, in bürgerliche Wochenstuben, wie in die Marter der Christen und die Folterungen ihrer Heiligen.

Aus den geschichtlich überkommenen Schnitzwerken wird deutlich sichtbar, daß die aus dem Volke kommenden Schöpfer verstanden, das von ihrer Zeit geprägte Weltbild in die Sprache des gestalteten Holzes umzusetzen. Ihre Sensibilität, in der Umwelt Bildwürdiges zu entdecken und es im Schnitzwerk auszudrücken, ist in hohem Grad entwickelt.

Bild gegenüber Titelseite:
Miniatur-Nachbildung eines sächsischen Bergwerkes. 19. Jh. (Ausschnitt).
In einem Schaukasten von der Größe einer Aktentasche gestaltete ein Bergmann sein Lebens- und Weltbild. Die 1,5 bis 2 cm großen Figuren bauen unter Tage die edlen Erze ab. Karrenläufer und Haspler fördern diese. In der Scheidebank wird wertvolles Erz von taubem Gestein getrennt. Vor den Bergbeamten muß sich der Bergmann tief verbeugen. Die Erfahrungen eines langen Arbeitslebens lassen den Schnitzer alle Einzelheiten des technischen Betriebes getreu erfassen. Quarz und Schwefelkies – Minerale, gefunden beim Schürfen des Silbererzes – wurden verwendet, um den Wänden der Stollen und Abbaustrecken den Glanz des Reichtums zu verleihen, den der Bergmann für den Bergherrn schafft.

Bauern, Handwerker und Bergleute bildeten in ihren Schnitzwerken Erscheinungen ab, die sie aus der täglichen Berufsarbeit und aus ihrem häuslich-familiären Umkreis bestens kennen. Volkskunst, das ist künstlerisches Schaffen aus dem Volke, das von den Menschen des Volkes verstanden wird. Von der Berufskunst unterscheidet sich das volkskünstlerische Schnitzen durch die Unbekümmertheit, mit der, ohne große Kunst zu wollen, eigene Vorstellungen von der Welt zum Ausdruck kommen.

Das Bedürfnis des modernen Menschen nach Kreativität

Das Weltbild der Bauern, Handwerker und Bergleute unterschied sich zeitbedingt von dem des modernen Menschen in der höchstentfalteten Industriegesellschaft. In der Gegenwart führen die Massenmedien täglich zur Überfütterung mit Bildeindrücken. Wer annimmt, durch die Vielzahl der Bildinformationen sei es leichter, zu eigenen Vorstellungen zu kommen, die sich als Motiv für das Schnitzen eignen, muß sich vom Gegenteil überzeugen lassen. Die optische Überfütterung führt zu oberflächlichem Kontakt, zur Flüchtigkeit bei der Wahrnehmung und im Erfassen der Bildinhalte.

Albrecht Dürer schrieb 1520 in seiner Anleitung für lernende Maler und Bildhauer: »Der edelste Sinn des Menschen ist Sehen.« Bauern und Bergleute nahmen sich genügend Zeit, ihre zum Schnitzen geeigneten Objekte gründlich zu betrachten, sich ihre Gestalt im Zusammenhang der Teilformen so einzuprägen, daß es keiner großen Mühe bedurfte, sie in geschnitzte Figuren umzusetzen.

Eine Anleitung zum kreativen Schnitzen in unserer schnellebigen Zeit hat bei den Lernenden vornehmlich die Kräfte zum Sehen und Erleben, zum bildhaften Erfassen der Dinge und Erscheinungen um uns auszubilden. Die Fähigkeit, sich die Form der Dinge, die gestaltet werden sollen, vorher deutlich vorzustellen, gehört zum handwerklichen Können.

Das heutige Bestreben, durch bildnerisches Gestalten eine kreative Tätigkeit auszuüben, resultiert aus der Notwehr gegen die Verkümmerung schöpferischer Kräfte durch den Zwang zur Spezialisierung in einer von Maschinen und Computern beherrschten Produktionsweise. Ein Zurück zum Schöpferischen im Handwerk verlangt, den Prozeß des Gestaltens durch eigene Ideen und Bildvorstellungen zu beginnen. In diesem Buch ist deshalb bei relativ einfachen Aufgaben jeweils der ganzheitliche Prozeß dargestellt. Von der Aufgabe her wird zur Bildvorstellung geführt; davon werden die handwerklichen Schritte abgeleitet. Mit den gewonnenen Erfahrungen werden dann Schritt für Schritt Anforderungen gesteigert. Nach einem alten Handwerkerspruch ist jedermann Lehrling und Meister zugleich, wenn er sein Handwerk von der Idee bis zur Ausführung beherrscht.

Pferdegespann mit Leiterwagen. Holz, Leder, Metallbeschläge. Höhe 12 cm. Spielwarenfachschule Grünhainichen.
Mit diesem geschnitzten Spielzeug können vom Kind die Arbeitshandlungen der Erwachsenen nachvollzogen werden.

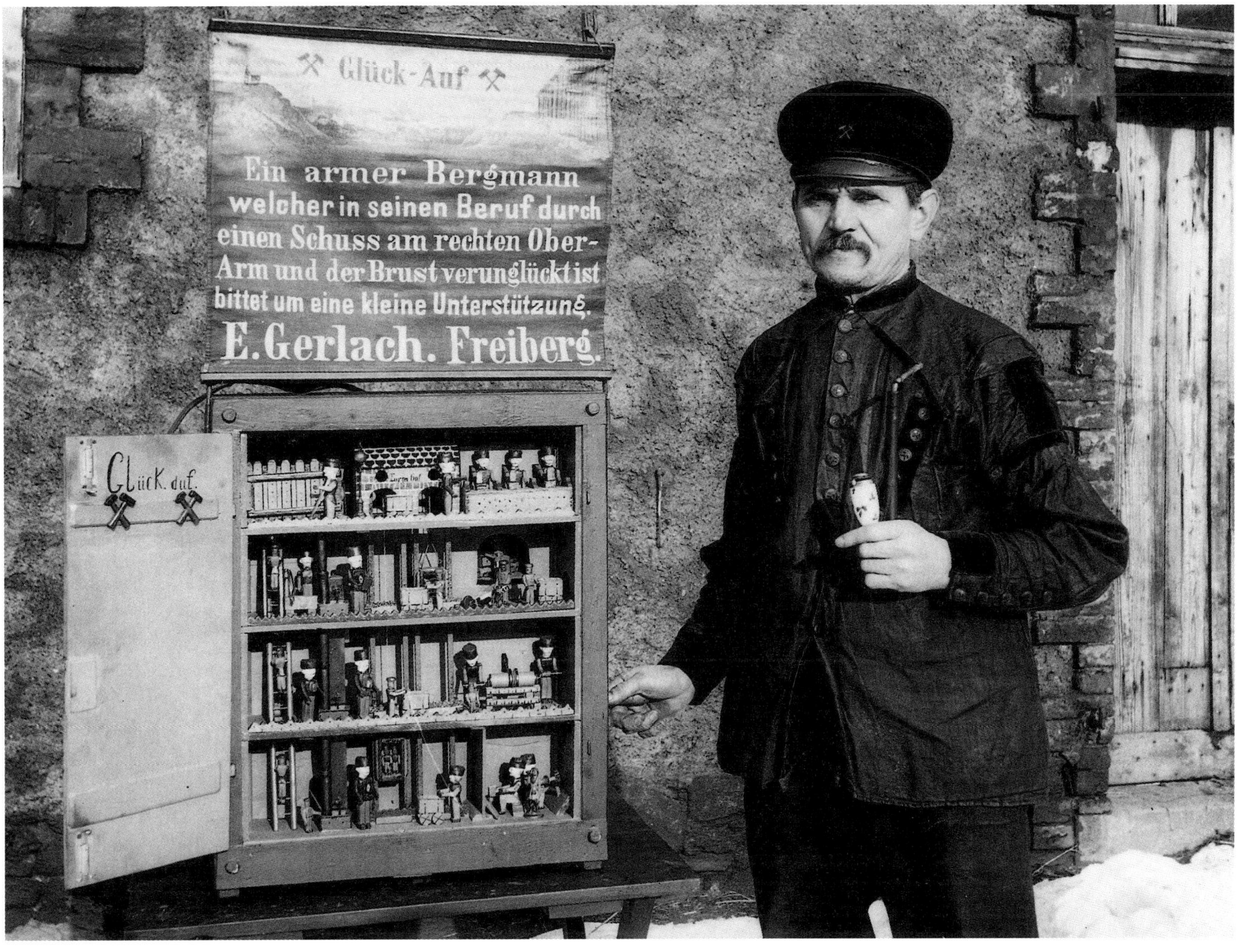

Berginvalide mit Buckelbergwerk.
Im 19. Jahrhundert und noch Anfang des 20. Jahrhunderts stellten Berginvaliden (Bergfertige) schrankartige Modelle des Bergwerksbetriebes zur Schau. Diese Quelle geringen Verdienstes wurde auf dem Rücken getragen (gebuckelt).
Die modellhaften Bergbaumaschinen sind mechanisch beweglich. Auch die Arbeiter vor Ort führen ihre Bewegungen im Rhythmus des kurbelgetriebenen Räderwerkes aus. Mit Sprüchen erklärte der »Bergfertige« dem schaulustigen Volk das Geschehen.

TIP

Wenn Sie das Schnitzen als Ihre Freizeitbeschäftigung mit mehr Freude und größerem Erfolg ausüben möchten, so beschränken Sie bitte dies nicht auf das Erlernen technischer Kniffe. Vom kopierenden Nachschnitzen vorgegebener Formen sollten Sie dazu übergehen, jede Form von ihrem inneren Aufbau her zu erfassen. Beginnen Sie das »Bauen« der Figuren an ganz einfachen Motiven, deren Struktur für jeden überschaubar ist. Große Bildhauer haben oft erst im Alter zur einfachen Form gefunden. Das Reduzieren auf die einfachste Formulierung der plastischen Aussage ist nicht Mangel an Können, sondern Ausdruck der Meisterschaft.

Lernen Sie bald, mit den Augen der Meister zu sehen. Überlesen Sie bitte deshalb die Kapitel des Buches nicht, in denen die plastische Bildsprache verständlich gemacht wird (siehe Seite 69 ff). Wenn Sie in der Lage sind, Motive aus dem täglichen Leben zu finden, die Sie nach eigenen Ideen in Schnitzwerke umsetzen können, ist Ihr Wirken bereits *kreativ*. Sie können lernen, erste, noch unklare Vorstellungen mit Zeichnungen und plastischen Modellen so deutlich auszuformen, daß es Ihnen leichtfällt, danach die Formen der Figur aus dem Holz herauszuschnitzen.

2 Holz, ein eigenwilliger Werkstoff zum Gestalten

»Frühzeitig hat der Mensch die mannigfachen Vorzüge und Eigenarten des Holzes zu nutzen gewußt. Dem Holze läßt sich weder aufzwängen noch entreißen, was es nicht annehmen oder hergeben kann.«

Stephan Hirzel

Menschen in holzreichen Ländern, wie in Finnland und Schweden, haben sich ihren lebensnotwendigen Kontakt zu dem seit Urzeiten von der Natur gebotenen Werk- und Rohstoff Holz erhalten. Wie der Bauer jedes seiner Tiere kennt, so ist der Handwerker mit dem Holz vertraut, seinen Eigenschaften und seinen Vorzügen, mit den verschiedenen Arten, es zu bearbeiten; er weiß auch, wo vom Charakter des Holzes her Grenzen gesetzt sind für diesen oder jenen Zweck. Seine Erfahrungen sind aus dem täglichen Umgang mit Holz erwachsen. Den »Stadtmenschen« ist der hautnahe Kontakt zum Naturstoff verlorengegangen.

Der Schnitzer Emil Teubner (1877 bis 1958), im waldreichen Erzgebirge lebend, stellte sich im Schnitzwerk aus einer Astgabel selbst dar, wie er prüfend vor einem Baum steht, um zu erkennen, »was in ihm steckt«. Kenntnis der Eigenschaften des Holzes und Einfühlungsvermögen in seine Eignung, auch für die Anregungen, die von dem jeweiligen Stück für die Gestaltung ausgehen, das sind notwendige Voraussetzungen für erfolgreiches Arbeiten. Es sind zugleich Erfahrungen, die mit der Zeit beim Arbeiten gewonnen werden.

Emil Teubner: Befreiung. Linde.
Aus dem Block steigt eine Figur heraus, sich von dem umhüllenden Holz befreiend. Damit kennzeichnet der Schnitzer, der von früher Kindheit an als Bauer und Bergmann arbeitete, den schöpferischen Vorgang des Gestaltens, bei dem die Form der Figur von innen her im Holz gesehen werden muß, damit ringsum der störende, die Form verhüllende Werkstoff abgetragen werden kann.

Holz und seine Eigenschaften

Holz ist ein gewachsener Werkstoff. Das wird ersichtlich, wenn wir einen Stamm quer zur Längsrichtung durchsägen. Wir erhalten den Hirnschnitt.

An dem Bild, das dieser schießscheibenartige Querschnitt des Stammes bietet, läßt sich das Wachsen des Stammes gedanklich nachvollziehen.
Die Pflanzenzellen, die sich aus den emporsteigenden Nährstoffen bilden, lagern sich rings um die Markröhre ab, die als dunkler Fleck in der Mitte sichtbar ist. Von Jahr zu Jahr kommt eine Schicht von hellen und eine zweite von dunkleren Pflanzenzellen hinzu, die mit der Zeit erhärten. In der Schnittfläche läßt sich in den Jahresringen das Alter des Baumes ablesen. Vom Wetter abhängig, bilden sich neue Holzzellen im Jahreslauf ungleichmäßig aus. Bei vielen Baumarten zeichnen sich im Querschnitt die hellen Ringe vom Frühjahresholz und die dunklen, im Sommer entstandenen, vom Spätholz ab.

Bei einigen Holzarten, wie beispielsweise bei Kiefer und Fichte und bei den Laubhölzern Eiche oder Esche, erscheinen die inneren Ringe insgesamt dunkler als die äußeren. Die dunklen inneren und härteren Schichten werden Kernholz genannt. Bei den äußeren Ringen, dem Splint, sind die Zellen des Holzes größer. Dieses Holz ist weicher als das vom Kern. Es gibt Hölzer mit ausgeprägter Jahresringbildung, mit deutlicher Markierung von Kern und Splint.

Linke Seite:
Emil Teubner: Waldarbeiter.
Aus dem Hauptast arbeitete der Bildschnitzer die Figur eines Waldarbeiters, der mit prüfendem Blick auf den Baum schaut, der vom Nebenast verkörpert wird. »Was steckt an Figur im Holz?« – diese Frage steht am Anfang schöpferischer Betätigung beim Schnitzen.

Stamm, Hirnschnitt, schematische Darstellung. Beim Hirnschnitt – quer durch den Stamm – wird das Dickenwachstum des Baumes sichtbar. Die Schichten, die jährlich im Frühjahr und im Sommer rings um die Markröhre wachsen, zeichnen sich als »Jahresringe« ab.

Im Stamm, der in der Markröhre in Längsrichtung der Holzfasern gespalten wurde, lassen sich die dunklere Zone des Kernholzes und das helle Splintholz erkennen. Der Splint verschiedener Arten des Laubholzes ist für Schnitzarbeiten nicht verwendbar, weil er für Holzwurmfraß anfällig ist.

Während das Holz unserer Nadelbäume bedenkenlos in seiner ganzen Breite zum Schnitzen genutzt werden kann, wird der Splint von Eiche, Esche, auch vom Kirschbaum und von einigen weiteren Arten wegen der Anfälligkeit für den Wurmfraß nicht für Möbelherstellung und figürliches Gestalten verwendet.

Bei Eiche werden die Markstrahlen besonders deutlich. Sie sind Gefäße für den Saftstrom von den frischen Holzzellen außen in Richtung zum Mark. Sie verlaufen radial. Sie sind, wie die Poren – im Stamm nach oben führende »Leitungen« –, bei allen Holzarten vorhanden, bei den meisten aber nicht sichtbar.

Im Gegensatz zu ringporigen Hölzern mit auffälliger Zeichnung der Jahresringe sind bei Linde, Birke, Pappel und anderen die Poren und Zellen in gleicher Größe und Festigkeit über den Querschnitt verteilt. Die Jahresringe sind bei ihnen unauffällig. Die Hölzer lassen sich leichter bearbeiten; auf das reizvolle Spiel der Maserung muß man aber bei ihnen verzichten.

Um weitere Eigenschaften des Werkstoffes zu erkunden, setzen Sie an der Stirnfläche eines Stammes einen Keil an und treiben ihn in das Holz, das entlang der Markröhre in Richtung der Längsfasern spaltet. Während das Holz quer zur Faserrichtung dem Werkzeug großen Widerstand entgegensetzt, läßt es sich in Faserrichtung verhältnismäßig leicht bearbeiten. Quer zur Faser arbeitet man mit der Säge. Ihre keilförmigen Zähne zerreißen die Fasern. In Längsrichtung nutzt man Werkzeuge wie Beil und Messer.

Das Sägegatter schneidet Langholz auch in Faserrichtung. Bei Bohlen und Brettern wird ersichtlich, daß die Holzfasern nicht geradlinig und völlig parallel laufen. Sie sind ein Abbild des Baumwachstums. Die Äste und Zweige streben nach dem Licht. Sie werden von Wind und Wetter gezaust. Der Stamm registriert diese Bewegungen. In den Flächen des Spaltholzes ist dieser lebendige Linienfluß der Holzfasern als feingegliedertes Relief mit Höhen und Tiefen, mit Wirbeln und ruhig verlaufenden Spuren der Fasern sichtbar. Diese im Holz erstarrte Bewegung der Fasern beim Wachsen der Pflanzen nutzen Holzgestalter zur Raumdekoration. Das Brett bildet die angeschnittenen röhrenartig verlaufenden Wuchsschichten des Stammes an der Oberfläche als Maserung ab. Je nach dem Winkel, in dem die Holzfasern der Wuchsschichten mit dem Werkzeug angeschnitten werden, erscheinen diese in der Maserung als längs hinströmende Linienbündel, als Wirbel um den Ansatz von Ästen, sich wiederholende zentrische Linien, wie die Schichtlinien der Berge auf der Landkarte, oder auch nahe der Hirnflächen als konzentrische Kreise oder als Teile davon.

In dieser lebendigen Struktur des Holzes liegt sein ästhetischer Reiz. Da jeder Baum seine eigene Lebensgeschichte hat, ist auch jeder Gegenstand und jede Figur von der Aussagewirkung des Holzes her ein einmaliges Gebilde.

Der Tischler bezeichnet die Seite des Brettes, die dem Splint zugewandt ist, als »links« (Merke: Sp**li**nt – **li**nks). Als rechte Seite zählt die innere, dem Kern zugewandte, mit den festeren Zellen (K**e**rn – **re**chts).

Querschnitt durch einen Eichenast. Beim Eichenholz fallen die radialen Streifen der Markstrahlen besonders auf. Sie sind Gefäße, die den Saftstrom beim Wachsen des Baumes von den frischen Holzzellen in Richtung zum Mark leiten.

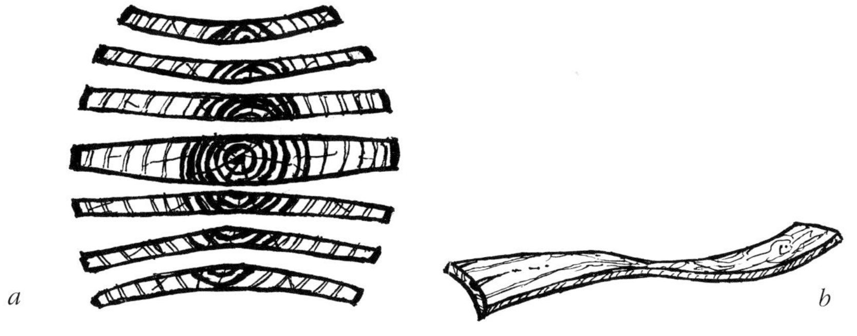

»Arbeiten« des Holzes.
a Aufgeschnittener Stamm.
Beim Trocknen verändern die Zellen des Holzes ihre Größe. Sie schwinden. Das Schwundmaß ist bei den Zellen des Splintes größer als beim Kernholz. Die Dicke nimmt nach außen hin ab. Das Brett krümmt sich, es »wirft« sich. Durch die Spannung zwischen den verschiedenen festen Zellen treten Trockenrisse auf.
b Bei drehwüchsigen Brettern tritt durch das ungleichmäßige Schwinden der Holzzellen das »Winden« auf. Das Holzstück krümmt und verdreht sich auch in der Längsrichtung.

Der Unterschied zwischen kleinen festen Zellen im Kern und groben, weichen Holzbestandteilen im Splint ist auch die Ursache für die Formveränderungen des Brettes beim Trocknen. Es schwindet. Holz muß einen Trocknungsprozeß durchlaufen, bevor es als Nutzholz brauchbar ist. Mit der Wasserabgabe beim Trocknen verringert sich das Volumen der Holzzellen. In feuchter Umgebung nehmen die Zellen des trockenen Holzes wieder Wasser auf. Es quillt.

Bei den größeren Splintholzzellen ist der Trockenschwund höher als beim festen Kernholz. Das hat eine Veränderung des Brettquerschnittes zur Folge. Die Dicke nimmt durch das Schwinden nach außen hin ab. Die bestehende Spannung bewirkt außerdem, daß es sich krümmt; es wirft. Drehwüchsige Bretter winden.

Eine Folge des Trocknens und Schwindens ist auch das Reißen des Holzes. Da das Schwundmaß am Stamm außen am größten ist, bilden sich Trockenrisse. Bei sachgemäßem Trocknen und Lagern (siehe Seite 114) läßt sich der Verlust gering halten. Arbeitet man am ganzen Stamm, so muß er in der Mitte entlang der Markröhre ausgebohrt werden, um Trockenspannungen zu vermeiden. Auch das Aufschneiden in Längsrichtung über Kreuz und das Verleimen der Viertel hilft, Formänderungen am bearbeiteten Stamm zu mindern.

Holzbildhauer und Schnitzer müssen diese Eigenschaften des Holzes kennen, um beim Arbeiten mit dem Werkstoff seine Vorzüge zu nutzen und seinen Nachteilen zu begegnen. Sammeln verschiedener Holzarten, probeweises Arbeiten mit dem Werkstoff in den verschiedenen Formaten kann jedem, der sich ernsthaft mit Holzgestaltung befaßt, zu notwendigen handwerklichen Erfahrungen verhelfen. Er wird mit der Zeit erkennen, wie die guten Eigenschaften des Holzes zu einer den inneren Gesetzen des Werkstoffes angemessenen Form führen, wenn der Gestaltende auf sie eingeht. Er wird bald spüren, daß von den verschiedenen Holzarten, auch von den Nutzformen, ob Stamm, Ast, Spaltstück, Kantholz oder Brett, Anregungen ausgehen, die letztlich die Form mitbestimmen. Beim Ast oder Stamm bindet der runde Querschnitt alle Formen in die ringsum führende Hülle ein. Das übrige tun die Längsfasern, die die Schnittrichtung beeinflussen und in der Maserung die Form betonen oder, wenn auf ihre Mitsprache nicht eingegangen wird, sie stören.

Fichtenbrett, Maserung.
Durch das Anschneiden der unregelmäßig gewachsenen ringförmigen Schichten um die Markröhre des Stammes wird die Maserung sichtbar. Nadelhölzer – wie Kiefer, Lärche oder Fichte – sind wegen ihrer ausdrucksvollen Maserung für dekorative Schnitzarbeit ebenso begehrt wie die Laubholzarten Eiche, Rüster oder Nußbaum.
Das feinfaserige Holz der Linde wird für kleinere Schnitzarbeiten, bei denen der Reiz der Maserung nicht zur Wirkung kommen soll, besonders gern gebraucht.

Erkunden, was im Holz steckt

In einer interessanten Übung schneiden Sie in die Flächen eines Seitenbrettes einmal von rechts und in ein anderes Stück von der Splintseite her mit einem Hohleisen gleichmäßige Vertiefungen ein. Sie werden das Wirken von Gesetzmäßigkeiten erkennen:

Von links angeschnitten, bilden die Linien der Maserung ovale Formen, die sich nach außen wiederholen und die Form der Schnittkante betonen.

Wirkung der Jahresringe.
a An der Hirnkante des Holzstückes läßt sich die Lage der Holzschichten erkennen. Schneidet man von links und von der Splintseite her Höhlungen in die Oberfläche, so bilden die angeschnittenen Schichten Kreise oder ovale Formen, die sich von der tiefsten Stelle nach außen hin wiederholen.
b Von rechts angeschnitten, laufen die Linien der Maserung hyperbelförmig nach außen. Sie werden von den längs verlaufenden Linien am Rande der Höhlung wiederaufgenommen.

a

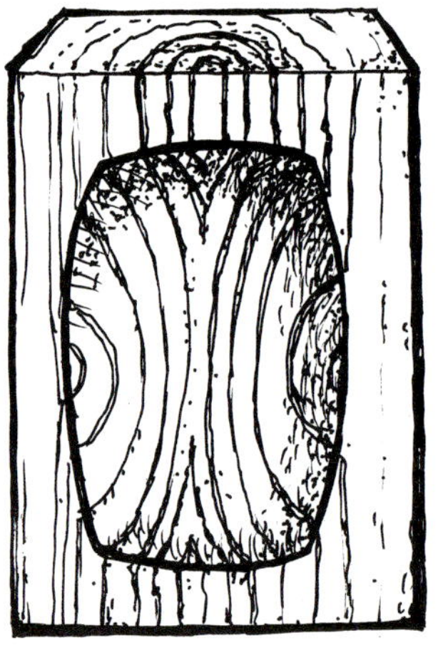
b

Martin Rehwagen: Stele mit Pflanzen und Vögeln. Lärche, Höhe 120 cm. Detail. Lehrgang für Schnitzlehrer, Volkskunstschule Oederan, Leiter: Rolf Kunze.
In die Oberfläche wurden im flachen Relief Blätter einer Pflanze und bewegte Formen von Vögeln eingeschnitten. Durch leichtes Höhlen der Blätter und erhabenen Oberflächenverlauf bei den Tieren ist die Maserung lebendig einbezogen. Ihre Linien binden und führen den Blick des Betrachters.

In die rechte Seite geschnittene Vertiefungen laufen von der Mitte aus hyperbelförmig nach außen. Ihre Laufrichtung steht im Widerstreit zur Außenform. Bei angewandten Schnitz- oder Drechselarbeiten kann das sehr wirkungsvoll sein.

Der Schnitzer ist bestrebt, das Bild der Maserung in Übereinstimmung mit seiner beabsichtigten Aussage zu bringen. Der Linienfluß auf der Oberfläche drückt entweder im ruhigen Strömen oder im zerfasernden, die Form zerhackenden Verlauf innere Zustände der gestalteten Figuren aus. Meister der Bildschnitzkunst, die ihr Handwerk nach allen Regeln der Kunst beherrschen, haben ihre Figuren durch die Wirkung der Maserung in Einklang mit der beabsichtigten Form zu hoher Vollendung geführt. Etwas poetisierend formuliert: der Schnitzer bringt die Töne, die im Holz anklingen, durch seine Formgebung voll zum Klingen.

Die gestaltbeeinflussende Wirkung von Stamm, Pfosten und Brett

Stamm und Ast sind von der Natur vorgebildete Grundformen, die den Menschen seit seiner Frühzeit anregten, aus ihnen Figuren zu gestalten, die oft magische Bedeutung erhielten. Sie wurden in späteren Epochen zum Ausdruck religiöser Inhalte oder weltanschaulicher Beziehungen. Die Form des Stammes entspricht der aufgerichteten Erscheinung des Menschen. Die Längsfasern umschließen in ihrer röhrenartigen Struktur das Formengebilde des menschlichen Körpers. Sie binden dessen Teilformen in die Mantelfläche des Stammes ein.

Gespaltene Stücke mit einem Querschnitt in Keilform verleihen den Figuren einen Ausdruck von Aktivität, wenn in die Keilspitzen nach vorn drängende Körperformen geschnitzt sind (siehe Bild auf Seite 35). Im Vierkant mit gleichen Seiten wird ebenfalls diese Aktivität wirksam, wenn die Körperglieder der Figur in Richtung der vorderen Kante weisen; Körperglieder, frontal in die Fläche gefügt, lassen diese – wie im Brett – in der breiten Vorderseite verharren.

Diese theoretisch erscheinenden Betrachtungen sind in der Praxis des Schnitzens von großem Wert. Anfänger haben oft große Schwierigkeiten, im quer gestellten Vierkant – vom Seiten- und Vorderansicht-Denken befangen – die Arme schräg nach vorn zu führen. Verwendet man Rundholz oder übereck gestelltes Vierkant als Ausgangsformat, so verläuft das ohne Schwierigkeit beim Einordnen in die Gesamtform.

Brett oder Pfosten sind gut geeignet als Ausgangsformat für Tiere. In die großen Seitenflächen fügen sich die Formgebilde vieler Tierarten ein. Die Seitenansicht gibt das Charakteristische ihrer Form eindeutig wieder.

Setzt man ausschreitende menschliche Figuren in Seitenansicht in die Brettfläche, so verleitet der flache Querschnitt des Brettes dazu, die Körperform plattzudrücken. Die Figuren erscheinen peinlich flachbrüstig, wenn für die Körperbreite die Dicke des Brettes nicht ausreicht.

Zu den Vorzügen des Holzes als Werkstoff kommt zur gestaltbeeinflussenden Wirkung der Wuchsformen und der Maserung noch seine Farbe hinzu, die ebenfalls Ausdruckswerte für das Schnitzen stimuliert.

Günter Hesse: Forstarbeiter. Eiche, Höhe 36 cm. Lehrgang für Schnitzlehrer, Volkskunstschule Annaberg. Leiter: Felix und Werner König.
Die Figur des Forstarbeiters – dessen Haltung die Verantwortung erkennen läßt, mit der er an seine Arbeit geht – fügt sich mit ruhigem Umriß in den Holzblock ein. Die Formen der Arbeitskleidung, der Kettensäge und des Nadelbäumchens bringen die Ausdruckswerte des Eichenholzes zur Wirkung.

Geübte Schnitzer kennen die Wirkfaktoren, die vom vielseitigen Werkstoff ausgehen. Sie setzen sie für die Realisierung ihrer Bildideen ein. Störfaktoren, wie das Arbeiten des Holzes, sind Ihnen bekannt. Sie fügen die Formen so in den Block, daß sie bruchfest sind. Bei diesen Bestrebungen werden sie vom Verlauf der Holzschichten und ihrem äußeren Abbild, der Maserung, unterstützt.

So sind in der seit Jahrtausenden ausgeübten handwerklichen Praxis der Holzgestaltung bewährte Formen entstanden, sowohl für den täglichen Gebrauch als auch im figürlichen Schnitzen, die nur in Holz so sein können und wollen. Der lebendige Werkstoff Holz fordert sein Mitspracherecht für jede Form und Gestalt.

Auch beim Schnitzen kleiner Figuren wirken die Gesetze im Holz. Die oft von Dilettanten angestrebten Figuren in »maßstabsgerechter Natürlichkeit« wurden von Kritikern oft als »Schrumpfgermanen« bespöttelt. Der Lernende, der sich an die Anleitungen dieses Buches hält, wird von Schritt zu Schritt zunehmend die Sicherheit des Gestaltens erwerben, die ihn vor Vorwürfen dieser Art schützt.

3 Einfache Verfahren, Figuren zu gestalten

Hirsch, aus Astteilen zusammengefügt. Aus Astholz wurden Teile zusammengesucht, die sich zur Form eines Hirsches vereinigen lassen. Störende Äste wurden sauber abgeschnitten. Die eingesetzten dünnen Äste sind angespitzt und in Bohrungen eingeleimt. Auf ähnliche Weise lassen sich weitere Tiere gestalten und zu einem Tierpark zusammenstellen.

3.1 Gewachsene Formen regen zum Gestalten an

Wer mit offenen Sinnen durch die Natur geht, das Wachstum der Pflanze Holz belauscht, wird bald in eigenartig gewachsenen Stämmen, in Wurzelknorren, in verwundenen Stämmen und Astabzweigungen Figuren sehen.

Von der Natur vorgebildete Formen: Hirsch

Unter Ihren Vorräten an Aststücken finden Sie eins, in dem mit etwas Phantasie der Rumpf eines Vierbeiners deutbar wird. Wenn Sie gedanklich einiges hinzufügen und störende Teile entfernen, so läßt sich vielleicht ein Hirsch daraus gestalten.

Beginnen Sie, indem Sie von den quirlartig abzweigenden dünnen Ästen die vier, die als Beine geeignet sind, auf entsprechende Längen schneiden. Ein fester Stand der Tierfigur muß gewährleistet sein. Alle übrigen Äste schneiden Sie dicht am Rumpf sauber ab, bis auf einen, der als Schwanzstummel stehenbleibt. Die durch die Säge entstandenen Schnittstellen sind mit dem Schnitzmesser sauber nachzuarbeiten (Hinweise zum sicheren Umgang mit dem Werkzeug siehe Seite 119f und 155).

Nachdem das Holz für den Rumpf auf entsprechende Länge geschnitten wurde, ist ein Aststück auszuwählen, das als Hals und Kopf zu dem Rumpf paßt. Zwei kleine Ästchen mit reicher Verzweigung bilden das »kapitale« Geweih. Die anzusetzenden Astteile werden angespitzt und in vorbereitete Bohrungen im Rumpf und am Kopf mit schnell härtendem Kleber eingesteckt. Die Figur als Ganzes ist fertig.

Am Beispiel »Hirsch« sind Sie mit einer Verfahrensweise vertraut geworden, die Ihre gestalterische Phantasie anregt. In den Formen der Äste und Zweige sollten Sie Figuren entdecken. Nur geringer handwerklicher Arbeitsaufwand ist erforderlich, damit diese Naturformen die Gestalt annehmen, die unseren Vorstellungen der Erscheinungsform von Mensch und Tier entspricht. Es lohnt sich immer, Anregungen aus der Natur aufzunehmen und sie in Form und Gestalt umzusetzen. Mit etwas Ausdauer und viel Phantasie läßt sich aus Ästen ein Tiergarten mit Gehegen und Besuchern gestalten.

Figuren aus Astholz durch Einkerben: Schachspiel

Das Schachspiel fordert seit Jahrtausenden die schöpferischen Eigenschaften des Menschen. Schachfiguren lassen sich aus Ästen vom Haselnußstrauch, aus Eberesche, Faulbaum oder ähnlichen Gehölzen selbst herstellen. Für jeden Figurentyp wählt man entsprechend starke und gerade gewachsene Aststücke.

Allen Figurensätzen ist eins gemeinsam: Jede Figur erfüllt nach den Spielregeln ihre Aufgabe innerhalb der Rangordnung, vom König bis zum Bauern. Daraus leiten sich für die Figuren unterschiedliche Größen und Formmerkmale ab. Im Spiel entscheiden nicht die kostbaren Werkstoffe der Figuren, sondern deutlich unterscheidbare Umrißformen, die mit einem Blick den Stand der »Streitkräfte« auf den 64 Feldern erkennen lassen.

Mit einfachen Messerschnitten kann das ringsum führende Profil der *Bauern* erarbeitet werden. Das Holz belassen Sie vorerst so lang, daß Sie es mit der Hand sicher fassen können. Von den Schultern aus bildet eine Einkerbung den Hals und den Übergang zur Rundung des Kopfes. Diese wird von der Hutkrempe aufgefangen, bei der ringsum die Rinde stehenbleiben soll. Der Schnitt verläuft schräg nach oben. Dadurch erhält die Krempe höhere Festigkeit, und die Holzfasern bleiben in ihrem Verlauf sichtbar. Den Hut schließen Sie, ebenfalls mit einem Schrägschnitt beginnend, mit einer flachen Rundung nach oben ab.

Schachfiguren aus Astholz.
Ein Schachspiel aus Astholz zu gestalten gilt als eine Vorschule für das figürliche Gestalten. Die Gestalt einer jeden Schachfigur soll ihrer Aufgabe nach den Regeln des königlichen Spiels entsprechen. Die charakteristischen Umrisse für jeden Figurentyp sollen zustande kommen, ohne daß in die Ausgangsform des Astes stark eingeschnitten wird.

Am unteren Ende wird mit der Feinsäge quer durchgeschnitten. So erhalten die Figuren eine sichere Standfläche. Die Bauern, als die kleinsten in der Rang- und Größenordnung, sind mit ihrem bis zum Boden reichenden Mantel in dieser einfachen Form unverwechselbar gekennzeichnet.

Die vier *Läufer* sollen etwas größer und schlanker ausfallen als die nur gering beweglichen Bauern. Dazu erhöhen Sie die Schulterpartie etwas und runden die Kopfbedeckung nach oben hin gleichmäßig ab.

Der *Turm* hat die Funktion, nur längs und quer im Spielfeld zu agieren. Das soll an seiner Form sichtbar sein. Deutlich wird dies durch die Einschnitte, die rechtwinklig zueinander stehen und im oberen Teil den runden Querschnitt in einen quadratischen überführen.

Beim *Springer* schneiden Sie oberhalb einer runden Basis zuerst den Ast flach ab. Die Funktion des Rösselsprunges zeichnet sich im Profil der Figur ab, das Sie mit dem Messer so in die aufragende Fläche schneiden, daß der Hals voller Spannung nach oben bis an die entgegengesetzte Kante führt. Nur ein geringer Einschnitt zwischen Maul und Hals charakterisiert die Kopfform des Pferdes. Sowohl an der Kopfvorderkante als auch an der Unterkante des Halses bleibt für die »schwarzen« Figuren die dunkle Rinde stehen.

Das *Pferd* unterscheidet sich dadurch von den Figuren, die in ihrer Form von allen Seiten erkennbar sind, daß der Umriß in einer Fläche – und damit nur von zwei Seiten – deutlich sichtbar wird.

Dame und *König* sind meist rundum profiliert. Die Dame kann bei ihrer schlanken Figur fallende Schultern erhalten. Ein feingliedriger Kopfumriß wird die weiblichen Linien betonen.

Der König, als der Mächtigste im Spiel, muß massiv erscheinen, dem Turm ähnlich; lediglich durch die schwere Krone überhöht, die als höchster Blickpunkt das umstrittene Objekt im Spiel hervorhebt.

Für den weißen Figurensatz können Äste mit einer hellen Farbe ausgewählt werden. Zur Kennzeichnung der »Schwarzen« besteht neben der Wahl dunkler Äste auch die Möglichkeit des Einfärbens oder Beizens der beschnitzten Flächen.

Beim Schnitzen von Schachfiguren lassen sich Gestalt-Erfahrungen gewinnen, die sich für den kreativen Schnitzer auch auf andere Themenkreise und eigene Motive übertragen lassen. Die Entwurfsskizzen sollen das Erfassen der Form-Funktions-Beziehungen anregen, aber keineswegs die eigene gestalterische Phantasie einengen.

Harry Schmidt: Weihnachtsmarkt.
Figuren und Verkaufsstände des Weihnachtsmarktes sind aus Astteilen gestaltet. Eine Vielzahl beobachteter Einzelheiten ist liebevoll zum Gesamteindruck fröhlichen Treibens in der Vorweihnachtszeit vereinigt.

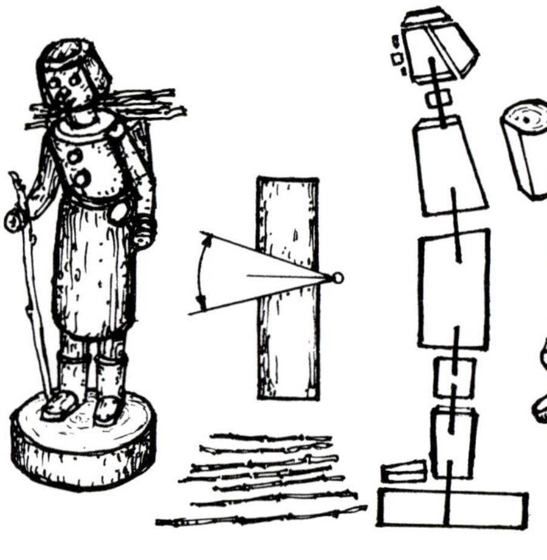

Holzsammlerin aus Astholz.
Die Figur der Waldgängerin mit einer Bürde Holz auf dem Rücken ist aus Ästen verschiedener Stärke zusammengefügt. Biegungen im Rumpf und an den Gliedmaßen werden durch winkeliges Zuschneiden und Zusammenpassen der Teilformen erzielt.

Figuren, aus Astteilen montiert: Holzsammlerin

Das unscheinbare Holz von Ästen hat es in sich! Für das Aneinanderfügen zu Figuren und figürlichen Szenen läßt es sich zu »Bausteinen« zuschneiden: nach Dicke und Länge sortiert, gespalten, gerade oder gekrümmt, auch verzweigt. Die Arbeitsanleitung für die Figur einer Holzsammlerin von etwa 15 bis 20 cm Höhe erläutert das Prinzip des Zuschneidens und Zusammenfügens der Teile.

Die walzenförmigen Aststücke werden mit der Feinsäge auf entsprechende Länge geschnitten. Soll der Rumpf gebeugt erscheinen, ist der Schnittwinkel zwischen Unterkörper und aufliegendem Oberteil entsprechend zu wählen. Für die Arme können gebogene Ästchen verwendet werden, die man am Übergang vom Unterarm zu den Händen etwas einkerbt und für den Ansatz an den Schultern flach anschneidet. Die Rückseite des Oberkörpers und die Vorderseite des Tragkorbes sollten ebenfalls abgeflacht und einander angepaßt werden. Höhere Haltbarkeit wird erreicht, wenn größere Teile mit Dübeln verbunden werden, ehe man sie mit Kleber bestreicht.

Das Gefüge aus Astteilen sollte nicht feingliedrig weiterbeschnitzt werden, etwa um »naturnahe« Gesichter anzustreben. Um immer in materialgerechten Formen zu bleiben, ergänzt man Teile wie Nase, Ohren, Knöpfe und dekorative Elemente mit kurzen Abschnitten oder flachen Scheiben von dünnen Ästen. Als Henkel für Körbe eignen sich dünne Sprossen von frischem Birken- oder Weidenholz.

Die abgebildete Marktszene ist ein Beispiel, wie durch Montieren mit Bauteilen aus Ästen lustiges Treiben in Dorf und Stadt in liebenswürdiger Weise gestaltet werden kann.

Der »Striezelmarkt«-Verkäufer* von Harry Schmidt regt an, ähnliche Figuren zu schaffen, bei denen das Rohmaterial Holz stilvoll verarbeitet wurde und dadurch starken ästhetischen Reiz auslöst.

* Striezelmarkt, Weihnachtsmarkt in Dresden, auf dem die Striezel (Dresdner Christstollen) verkauft werden.

Harry Schmidt: »Striezelmarkt«-Verkäufer. Der Körper der historischen Figur des Straßenverkäufers auf dem Dresdner Weihnachtsmarkt ist aus Teilen unterschiedlich starker Äste zusammengesetzt. Auch die kleinsten Figuren im »Bauchladentisch« sind – im Stil der großen Figur gehalten – aus Astteilen gestaltet. Dabei wurde das Ablösen der dunklen Rinde weitgehend vermieden.

3.2 Einfache Figuren aus dem Rundstab

Arbeitsablauf beim Schnitzen

Das Figurenschnitzen aus dem Rundstab steht der klassischen Bildschnitzkunst bereits näher als das Zusammenfügen von Astteilen zu Figuren. Ohne große technische Erfahrung und mit nur geringen Kenntnissen vom Körperbau bei Mensch und Tier lassen sich aus Rundstäben verschiedener Stärke, eventuell in Verbindung mit flachen Spaltholzstücken, alle möglichen Figurentypen gestalten. Besonders bei Kindern führt diese Technik rasch zu erstaunlichen Ergebnissen. Sowohl Besenstiele als auch in Bastlerläden gekaufte runde Stäbe aus weichem Holz sind als Arbeitsmaterial geeignet. Wer abgespaltete Holzstücke selbst in den runden Querschnitt umwandeln will, spannt diese mit den Stirnseiten zwischen die Spitzen zweier Bankhaken der Hobelbank und nimmt von den Ecken aus mit dem Hobel so viel Span ab, bis das Stück einen etwa gleichmäßig runden Querschnitt hat. Es ist ratsam, die Rundstäbe für den Rumpf der Figuren in der Stärke von 15 bis 20 mm und für die Gliedmaßen im Durchmesser von 5 bis 10 mm bereitzuhalten.

Der Arbeitsablauf ist der gleiche wie bei der Figur der Holzsammlerin: Die Teilformen werden für den Körper in entsprechender Länge zugeschnitten, im passenden Winkel aneinandergefügt und erforderlichenfalls mit dem Messer sparsam beschnitzt. Die Figuren können bemalt und mit Papier, Bast, Stoff und Folie, auch mit Wolle oder Hanfbindfäden beklebt werden. Der Phantasie sind keine Grenzen gesetzt.

Bergaufzug.
Steiger mit Steigerhäckchen, siehe Seite 21 als Ergebnis der Schnitzdemonstration, Steiger mit Revierfahne, Trommler und Trompeter von der »Bergmusik«, Häuer mit Barte. (Vgl. S. 48/49)

Bergleute als Pyramidenfiguren

In Gebieten, deren wirtschaftliche Entwicklung durch den Bergbau bestimmt war, wie im sächsischen Erzgebirge, im Harz, auch um Berchtesgaden und in Tirol, hat sich das Schnitzen von Figuren – vornehmlich von Bergleuten – erhalten.

Neben Szenen bergmännischer Berufsarbeit geben »Bergaufzüge« den Anlaß, die unterschiedlichen Menschentypen darzustellen und sie durch ihre berufsbedingte Kleidung im sozialen Stand zu kennzeichnen.

Für das Schnitzen der Figuren können die Abbildungen als Vorlagen benutzt werden. Die Zeichnungen zeigen die einzelnen Schritte des Herausarbeitens aus dem 15 bis 20 mm starken Rundstab an.

Der Schachthut bleibt im Querschnitt rund. Er überdeckt einen Teil der Stirn. Von seinem unteren Rand aus verläuft die runde Profillinie des Kopfes bis zum Hals. Ein Kragenbund stellt die Verbindung zu den Schultern her, die im flachen Winkel wieder an den Außendurchmesser des Stabes führen. Eine Einkerbung, für die unterschiedlichen Gestalttypen mehr oder weniger flach, deutet die Taille an. Am unteren Ende des Uniformrockes, etwa Körpermitte, wird der Übergang zur Hose etwas abgesetzt. Hier soll später das Leder, das der Bergmann zum Schutz des Hintern trägt, angeklebt werden. Aus der Zeichnung ist ersichtlich, wie Brust und Rücken und von Bauch und Gesäß aus die Formen der Beine in der Seitenansicht zu schneiden sind. Eine Längskerbe vom Rumpfende an bis zu den Füßen teilt das Holz für die beiden Beine; das Holz kann dabei ganz durchbrochen sein. Wird das Holz der Beine zu Dübeln verlängert, die in Bohrungen der flachen Grundplatte eingeleimt werden, so erhält die Figur hohe Festigkeit und stabilen Stand.

Beim Schnitzen der Arme aus flachem Spaltholz müssen die Holzfasern möglichst lang durchlaufen. Der Schulteransatz wird abgeflacht, um eine feste Auflage beim Anleimen der Arme zu schaffen.

Nach den bergmännischen Rang- und Kleiderordnungen erhalten die Vertreter der vielen Bergberufe unterschiedliche Kennzeichen der Parade-

kleidung und das dazu erforderliche Werkzeug und Gerät. Die Steiger tragen ein Steigerhäckchen, die Häuer ihre Barte, die ursprünglich Werkzeug und Waffe in einem war. Der Bergschmied schultert seinen Hammer, der Zimmerling den »Kaukamm«, eine Axt. Schürhaken und Schürze oder Kittel kennzeichnen die Hüttenleute. Die Bergmusiker spielen auf ihren Instrumenten.

Die kennzeichnenden Werkzeuge und Instrumente lassen sich fast alle aus Spaltholz schnitzen. Für Blasinstrumente kann der geschnitzte Schalltrichter auf Draht von Büroklammern aufgesteckt werden. Das Paradehabit ist aus der Arbeitskleidung hervorgegangen. Die Grundausstattung besteht

Gedränge vor dem Fußballtor. Szene mit Figuren aus Rundstäben. Kinder-Schnitzzirkel Zschopau. Leiter: Walter Arnold.
Das Zusammensetzen von Figuren und Szenen aus vorgefertigten Teilen führt bei Kindern schneller zum lebendigen Ausdruck als das »klassische« Schnitzen aus dem Holzblock. Es regt die Phantasie der jungen Schnitzer an und bereitet sie auf das eigentliche Schnitzen mit höherem technischem Schwierigkeitsgrad vor.

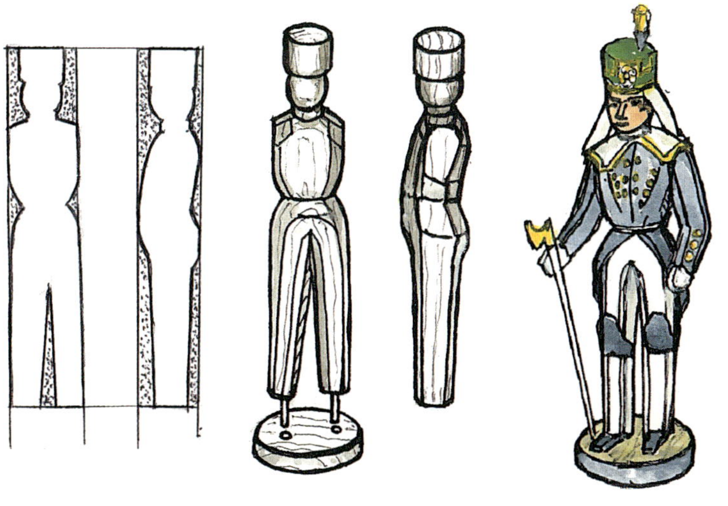

aus einer Kutte (Rock) mit breitem Kragen. Ursprünglich wurde anstelle eines Hutes eine Gugel (Kapuze) getragen, die – mit Moos ausgestopft – vor Kopfverletzungen schützte. Eine enganliegende Hose, ein Gürtel mit der Tasche für Licht und Tscherper (Messer), das Bergleder – ungeniert »Arschleder« genannt – und lederne Kniebügel vervollständigen das Habit.

Steiger und Offizianten (Beamte) tragen ein reichgeschmücktes Gewand aus gutem Tuch, das mit den zustehenden Rangabzeichen versehen ist (vgl. Seite 51 ff).

Die geschnitzten, aus Teilen zusammengesetzten Figuren verlangen eine farbig gestaltete Oberfläche. Mit Deckfarbe, Gold- und Silberbronze, Stoff und Leder können die Berufe und Ränge charakterisiert werden.

Die Anleitung zum Schnitzen der Bergleute im Aufzug sollte anregen, selbständig auf ähnliche Weise zu Heimat-, Volks- und Trachtenfesten Figurengruppen nach den örtlichen Vorbildern zu gestalten.

Bergmannsfiguren, aus Rundholz geschnitzt. Figuren lassen sich auch aus Rundstäben verschiedener Stärke gestalten. Als Beispiel dienen Bergleute in einem Festaufzug in historischer Kleidung.
Aus dem runden Holzstück wird der Rumpf mit dem Kopf und den Beinen herausgearbeitet. Die Beine werden auf eine Grundplatte gesteckt und eingeleimt. Die Arme, das Werkzeug oder die Geräte sind einzeln aus Spaltholz zu schnitzen und mit Leim an den Rumpf zu fügen.
Die Figuren verlangen eine farbig gestaltete Oberfläche. Stoff, Leder, Folie, Draht und Silber- oder Goldbronze werden zur Kennzeichnung der bergmännischen Berufszweige und Ränge verwendet.

Figuren aus Rundstäben verschiedener Stärke. Anstelle der Arme aus flachem Holz können diese Körperglieder auch aus Rundstäben gefertigt werden, ähnlich wie bei den Figuren aus Astholz. Die Beugung der Arme und eventuell der Beine wird durch Schräganschneiden erzielt. Als zusätzliche Materialien können Fell, Bindfaden, Bast und Stoff verwendet werden, die mit den Farbtönen beim Bemalen der Figuren abgestimmt werden.

Figuren aus Rundstäben verschiedener Stärke, Teilformen auf Gehrung geschnitten

Kinder in den Schnitzschulen des Erzgebirges kennen eine Art des Gestaltens, bei der die Teilformen für den Körper der Figuren aus Rundstäben verschiedener Dicke, zum Teil auf Gehrung geschnitten, zusammengefügt und verleimt sind. Auf diese Weise geben sie unbekümmert ihre Eindrücke über ihre Umwelterlebnisse wieder, wie zum Beispiel »Ein Boxkampf«, »Spannende Szene vor dem Fußballtor«, »Angler mit großem Fisch« oder »Aufregendes beim Wintersport« …

Für den Rumpf ist ein dickerer Rundstab so einzukerben, daß der Kopf in Form und Haltung sichtbar wird. Die Arme aus dünnem Rundholz werden auf Gehrung geschnitten, d. h., für die gebeugte Haltung sind beide Stäbchen so im Winkel anzuschneiden, daß die zu verbindenden Flächen zueinanderpassen. Mit den Beinen verfährt man ebenso, wobei am unteren Rumpfende noch der Beugungswinkel des Oberkörpers zu berücksichtigen ist. Kurze Holzstückchen als Füße, an die Beine angepaßt, werden mit auf das flache Sockelbrettchen gelegt und festgeleimt. Zwirn oder dünner Draht als Seil für den Boxring oder als Angelschnur, gemusterter Stoff für Teile der Bekleidung, eventuell farbige Folien, fügen sich mit den Deckfarben an den Figuren zu ausdrucksstarken Szenen zusammen.

In der Szene »Das schwarze Schaf«, die sich auf humorvolle Weise mit »schwierigen« Fragen der Erziehung auseinandersetzt, werden die im natürlichen Holzton belassenen Figuren mit Garnresten und Lederteilen ergänzt. Dabei wurde sorgfältig ausgewählt, was zum Farbton des Lindenholzes und der braunen Bastschichten unaufdringlich paßt.

Das schwarze Schaf. Szenische Schnitzarbeit, um 1965. Kinder-Schnitzzirkel Annaberg. Die ausdrucksstarke Haltung der Kinder und der »Erzieherin« wurde durch das Zusammenfügen der verschieden starken, auf Gehrung geschnittenen Äste von Lindenholz zustande gebracht.

3.3 Figürliches Drechseln

Übungen im figürlichen Drechseln

Im Seiffener Gebiet (sächsisches Erzgebirge) wie im Berchtesgadener Land gilt die Docke als die Grundform für das figürliche Drechseln. Sie ist eine Nachbildung der Frauenfigur im langen Rock.

Beim Drechseln übernimmt die Maschine das Abtragen des Holzes; sie wurde ursprünglich von Wasserkraft getrieben, seit der Jahrhundertwende mit dem Elektromotor.

Das Eingehen auf diese rationelle Technik der Holzbearbeitung ist hier deshalb erforderlich, weil sie als Vor- oder Teilarbeit zum erzgebirgischen Schnitzen gehört. (Über die Arbeit auf der Kleindrechselbank und den Umgang mit dem Werkzeug siehe Seite 119 f.) Die gedrechselten Körper der Figuren lassen sich beschnitzen und mit geschnitzten Teilformen ergänzen.

Klapperpuppen, in Berchtesgaden Schepper-Dockinnen genannt, weisen den Ursprung des figürlichen Drechselns bei der Herstellung von Gebrauchsgut aus. Als Docke wird die Mangelrolle bezeichnet, die an beiden Enden eingeschnürt ist, damit sie sich bequem umfassen und in Halterungen drehbar lagern läßt. Der Knauf der Docke wird bei der Puppe zum Kopf, die Einschnürung formt bei ihr Hals und Schultern aus.

Seiffener Weihnachtsberg. Erzgebirgisches Spielzeugmuseum Seiffen.
Die Kirche und die umliegenden Gebäude sind maßstäblich im Modell geschnitzt. Die Figuren der Kirchgänger, die mit Laternen durch das verschneite Spielzeugdorf ziehen, wurden vom »Männelmacher« Karl Müller (1879 bis 1958) gedrechselt, beschnitzt und mit Leimfarben bemalt.

Mit weiteren Einschnürungen und ausladenden Formen innerhalb der Mantelfläche des zylindrischen Drehkörpers lassen sich unterschiedliche Figurentypen gestalten:

Bei den Figuren für ein Kegelspiel wird außer der Einschnürung für Kopf und Hals die Walzenform nach der Standfläche hin leicht eingezogen. Dadurch wird die Standfestigkeit verringert, was im Sinne des Spieles ist, viele Figuren zu Fall zu bringen.

Die Form der Kegelfigur, verkleinert und zum unteren Ende hin abgerundet, der Holzkörper beschnitzt oder bemalt, wurde zur Wickelkind-Puppe, dem Spielzeug für Kinder ärmerer Leute über Jahrhunderte hinweg. Seine Form blieb massiv, während die Klapperpuppe aufgebohrt und mit Steinchen gefüllt wurde. Eine flache Scheibe verschließt die Hohlform.

Aus der Grundform erwuchsen viele weitere Abwandlungen für das Spiel, wie die Spielkegel für Halma oder die reicher profilierten Schachfiguren.

Die bisher beschriebenen, aus dem Rundholz geschnitzten Gestaltungsformen können auch durch Drechseln allein entstehen. Das trifft insbesondere für die Bergmannsfigur zu. Diese kann auch in einem größeren Maßstab gefertigt und mit einem Leuchterengel zum Pärchen vereinigt werden.

Einfache Formen gedrechselter Figuren. Die rationelle Technik des Drechselns wurde angewendet, um schneller nützliche Dinge herzustellen. Bei der Mangelrolle konnte die Form durch die Einschnürung an den Seiten als Puppe – »Docke« – gedeutet werden. Die Docke bildet die Grundform für verschiedenes gedrechseltes Spielzeug: einfache Puppe, Wickelkind, Kegel, Klapperpuppe (Schepperdockin) …

Übung

Versuchen Sie, nach dem Studium der Seiten 115 bis 120 und bei Einhaltung der Schutzvorschriften, sich eine gewisse Sicherheit im Umgang mit dem Drechselwerkzeug zu erwerben. An einigen Übungsstücken, die Sie bereits rund gedreht haben, sollten Sie zunächst lernen, mit den verschiedenen Drechseleisen umzugehen. Die Randskizze zeigt, wie man in einer Folge mit steigenden Schwierigkeiten vorgehen kann (vgl. Seite 25).

Mit der Formröhre Kehlungen einzudrehen ist verhältnismäßig einfach (a). Kerben werden mit dem Bart des Drehmeißels eingeschnitten, der von beiden Seiten anzusetzen ist (b). Mit der Spitze wird vorsichtig die Mitte bezeichnet (c). Die Schulterpartie für eine Dockenpuppe dreht man mit der Formröhre, wenn sie leicht gehöhlt sein soll (d). Gewölbte Flächen, wie der Kopfumriß von der Stirn bis zum Kinn, können mit der Formröhre geschnitten werden (e). Eine saubere Schnittfläche ergibt allerdings das Drehen mit dem Bart des Meißels (f). Dabei sollte die spannungsvolle Rundung in einem Zug entstehen. Wird der konisch oder zylindrisch verlaufende Hut gedreht, so setzt man die Schneide des Drehmeißels flach auf und zieht sie in Richtung der Drehachse (g). Das Abstechen erfolgt, indem die Spitze des Drehmeißels genau in Richtung zur Drehachse hingeführt wird (h).

Wenn das Werkstück rechts von einer Spitze gefaßt wird, darf beim Abstechen das Werkstück nicht ganz durchgeschnitten werden. Es müssen einige Millimeter Holzmasse stehenbleiben, die das Käntel noch in der Fassung halten. Nach dem Ausspannen wird der stehengebliebene Zapfen durchgesägt und mit dem Balleisen sauber verschnitten.

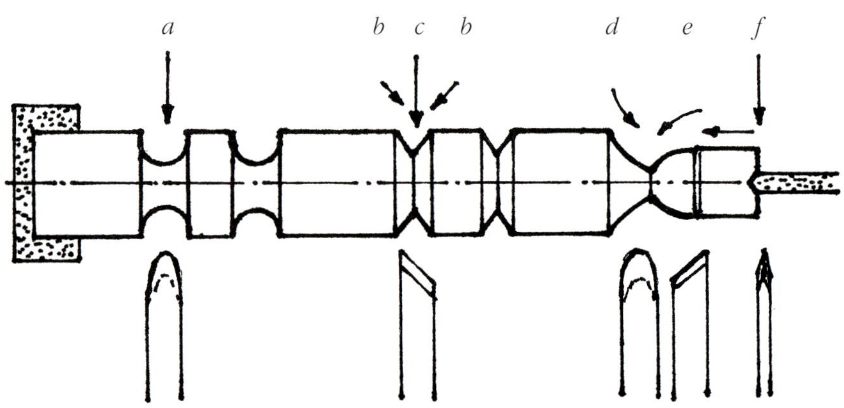

Seiffener Lichterengel. Um 1930, Höhe 38 cm. Privatbesitz.
Der Grundtyp des Dockenengels wurde in den Drechsler-Familienbetrieben individuell abgewandelt. Meist reicht der Rock der Frauenfigur bis zum Boden. Bei der abgebildeten Form sind Beine in das untere Ende der Docke eingesetzt und in eine Sockelscheibe verdübelt.

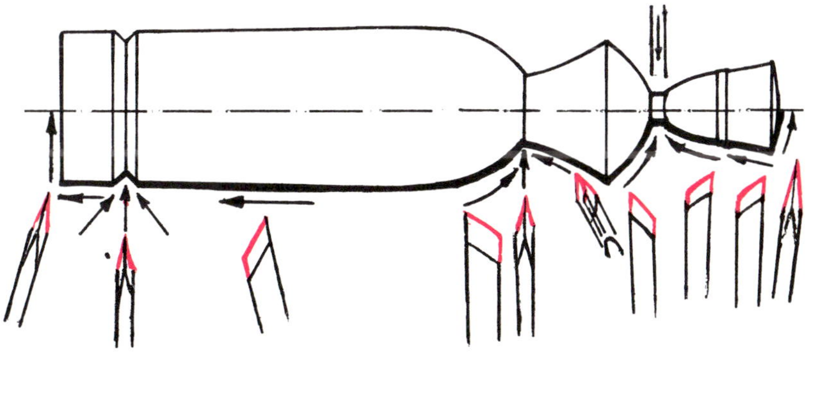

unten:
Arbeitsgänge beim Drechseln des Engel-Grundkörpers.

Seite 24, unten:
Erwerb technischer Grundfertigkeiten für das Figurendrechseln
a Kehlungen mit der Formröhre
b Kerben mit Bart und Spitze des Drehmeißels
c Einschnürungen, gekehlt mit der Formröhre
d Wölbung des Kopfes mit dem Bart des Drehmeißels
e Drehen konischer oder zylindrischer Formen mit dem Drehmeißel
f Abstechen mit der Spitze des Drehmeißels

Rolf Kunze: Dockenengel, von Seiffener Vorbildern angeregt. Fichte, Wasserfarbe, Folie, Höhe 36 cm, 1988

Linke Seite:
Dockenengel nach Seiffener Vorbildern. Werkzeichnung 1:1, Farbentwurf.
In der schlichten Schönheit des Seiffener Lichterengels erhielt die Dockenform ihre höchste Vollendung. Die Werkzeichnung läßt den Verlauf der Einschnürungen und Wölbungen am gedrechselten Grundkörper erkennen. Die Arme, auf Gehrung geschnitten, sind angesetzt. Die Flügel aus flachem Holz werden in eine Bohrung der Schulterpartie eingesetzt. – Im Zuge rationeller Fertigung wurden die dekorativen Elemente mit Stanniolplättchen und mit »Schwämmchentupf« auf die Grundfarben aufgetragen.

Bergmann mit einer Lichtertülle, Arme aus Brotteig. 18 cm. Seiffen um 1900

Rolf Kunze: Leuchterbergmann, gedrechselt, mit Wasserfarben bemalt. Goldbronze. Höhe 32 cm, 1988. Privatbesitz

»Dockenengel« nach Seiffener Vorbild

Wer sich nach diesen Übungen in der Drechseltechnik sicher fühlt, kann versuchen, aus einem etwa 30 cm langen und 60 mm starken Langholzstück den Rumpf eines Leuchterengels zu drehen. Eine Schablone aus Karton nach den Angaben der Werkzeichnung erleichtert das Übertragen der Maße auf den Drehkörper. Nach den traditionellen Vorbildern erhält der Engel einen Hut, der mit aufzuleimenden Teilen kleiner Kegel in eine Krone verwandelt wird.

Die quer liegende Zeichnung läßt erkennen, wie mit dem Drehmeißel und der Formröhre zu arbeiten ist. Nachdem die Käntel, vier- oder achteckige Stücke des Langholzes, rundgedreht sind, sticht man mit der Drehmeißelspitze in Höhe des Halses etwas ein, um die konische Grobform von Hut und Kopf in einem vorzuarbeiten. Ist die Feinform des Hutes auf die gewünschte Dicke gebracht, wird die leicht gewölbte Oberseite abgestochen. Will man am Hut den Übergang zum Kopf mit einem leichten Wulst andeuten, so kann die Formröhre dazu verwendet werden.

Die Wölbung zum Hals hin führt man in einem Zug aus, um der Umrißlinie die rechte Formspannung zu geben. Der Hals kann entweder mit der Formröhre leicht gehöhlt oder mit abgesetztem Bündchen, wie bei der Klapperpuppe, mit Meißel und Plattenstahl gedreht werden. Die Wölbung der Brustpartie und der Einschnürung zur Taille sollte man nach dem eigenen Empfinden bemessen; in jedem Fall erhalten die Umrißlinien die rechte Spannung, wenn man sie in einem Zug formt.

Von der Walzenform aus wird mit dem Bart des Drehmeißels in Harmonie zum Oberkörper die gewölbte Form der Hüfte gezogen. Am unteren Ende der Docke ist meist eine Kerbe eingedreht, in deren Vorderseite aus Teigmasse oder Holz Fußspitzen eingesetzt wurden. Einige Drechsler dübelten unter dem langen Rock der Engelsfigur noch kurze Beine ein, die in eine flache Sockelscheibe geleimt sind.

Wer selbst beim Drechseln erlebt, wie aus dem Holz eine wohlgestaltete Form herauswächst, vermag erst recht die Schönheit der alten Seiffener Drechselfiguren zu empfinden. Werkerfahrungen von Generationen haben eine volkstümliche Kunstform entstehen lassen, bei der ausladende und einschnürende Teilformen und säulenartige Bauelemente im Wechsel mit organisch-schwellenden Formbestandteilen harmonieren.

Diese Synthese von organischen Körpern und stark abstrahierten Formbestandteilen zu einer harmonischen Gestaltung wirkt in den Teilen weiter, die die Dockenfigur zum Leuchterengel ergänzen:

in den Flügeln aus flachem Holz, in den Armen, die ursprünglich aus Teig geformt wurden, und in den Tüllen mit den Kerzen. Um den Armen aus Teig festen Halt zu geben, fügte man beidseitig in den Rumpf der Docke Stäbchen ein, die außerdem die aufgesteckten Lichtertüllen tragen. Die Teigarme umfassen die schrägen Stützen. Seit langem drechselt man die Arme auch. Sie werden am Ellbogen auf Gehrung geschnitten. Am Schulteransatz sind sie schräg abgeflacht, damit die Arme leicht nach außen weisen. Der Abstand der Kerzen zum Rumpf ist so bemessen, daß die Flamme in den kleinen Metallfolienstückchen, die auf die Flügel aufgeklebt sind, reflektiert.

Pyramidenfiguren, gedrechselt und beschnitzt, Arme aus flachem Holz angesetzt

Von alten Seiffener Pyramidenfiguren lassen sich Werkerfahrungen gewinnen, wie aus nahezu gleichen Grundformen durch Beschnitzen und Ergänzen mit zugehörigen Formteilen unterschiedliche Figurentypen entstehen können.

Der Drechsler Friedrich Müller (1835 bis 1892) unterscheidet die Figuren des Verkündigungsengels und der heiligen Maria dadurch, daß diese eine

Soldat und König. Pyramidenfiguren von Friedrich Müller, Seiffen. 10 cm. 1902. Kolorierter Holzschnitt von Rolf Kunze.

Krone trägt, jene ein Umschlagtuch, das den Kopf einhüllt und über die Schultern fällt. Der Engel wird durch angesetzte Flügel kenntlich und trägt einen »Palmzweig« aus Luffa.* Maria wiegt behutsam das Christkind im Wickelbett auf beiden Armen. Bei beiden Figuren ist der Rücken abgeflacht, für den Engel zur Aufnahme der Flügel, bei Maria als Anlagefläche für das Umschlagtuch.

Die männlichen Figuren Joseph und Herodes gleichen sich im Profil. Mit kantenbildenden Schnitten sind die Beine herausgearbeitet. Vorher wurde von unten ein Keil herausgesägt. Brust und Rücken sind schräg zugeschnitten. Bei der Joseph-Figur, die bezeichnenderweise in dem früheren Bergbauort »Zinn-Seiffen« einen Schachthut als Kopfbedeckung erhalten hat, wurde eine Schürze – die Arbeitskleidung des Zimmermanns – über die Dockenform geklebt. Eine Laterne ergänzt die Ausstattung. Herodes, im Dockenprofil ähnlich den Königen, trägt ein Schwert. Ein Umhang (aus Papier) fällt von den Schultern über die Rückseite bis in Kniehöhe. Krone und Mantelsaum sind über der deckenden Farbe mit Glasstaub belegt.

Der Herbergswirt erscheint als etwas fülliger Typ ohne Taille. Er ist noch mit einem Hut ausgestattet, den eine Krempe ziert. »Lederschürze« sowie Krug und Becher sind hinzugefügt.

Diese alten Figuren besitzen, neben hohem Sammlerwert, großen ästhetischen Reiz. Er zeigt sich in den spannungserfüllten gewölbten Formen, in den spielerisch leichten Formumrissen, in den ausgewogenen Gegensätzen zwischen den gerundeten Flächen und flachen Formteilen und besonders in der naiven Grundhaltung, die mit den Mitteln des Drechselns und Beschnitzens Formen erzeugt, die nahe an abstrahierendes Gestalten heranführen.

* Luffa: Fruchtgewebe einer Kürbisart, gefärbt

Für Feierabenddrechsler sind dies wertvolle Anregungen, um eigene Figuren ausdrucksstark und im Formgefüge vielgestaltig zu fertigen.

3.4 Einfache Figuren aus Vierkantholz

Arbeitsablauf

Die meisten der kleineren Figuren sind aus Vierkantholz geschnitzt. Das von geraden Flächen begrenzte Vierkant kommt der von der technischen Zeichnung entwickelten Gewohnheit entgegen, Gegenstände in zwei Hauptansichten zu erfassen. Dementsprechend einfach ist auch der technische Arbeitsablauf. Die Figur wird in Vorder- und Seitenansicht aufgezeichnet.

Nach dem Riß wird das überstehende Holz abgetragen. Der zunächst rechteckige Querschnitt der aufrecht stehenden Figur wird nun durch Schrägschneiden an den verbindenden Kanten der Körperform angenähert. Arbeitet man nach der einfachen Schnitztechnik, so werden die Arme und die für das Motiv nötigen Gegenstände einzeln geschnitzt und an den Rumpf der Figur angefügt. Einige Erfahrung ist bereits nötig, um Arme und Gegenstände aus dem gleichen Holzstück zu schnitzen, aus dem auch der Rumpf der Figur besteht.

Engel und Hirte, Joseph und Maria mit dem Wickelkind, Wirt. Pyramidenfiguren von Friedrich Müller, Seiffen, z. T. beschädigt. 1902. Die Figuren, alle aus der annähernd gleichen Grundform, wurden durch das Beschnitzen, das Bemalen und die Ausrüstung mit den entsprechenden Attributen zu den bekannten Figuren der Weihnachtsgeschichte. Papier, Stoff und Glasstaub ergänzen die Aussage der gedrechselten und geschnitzten Formen.

Figuren mit angesetzten Teilformen: Bauern und Waldgänger

Volkstümliche Figuren in einer Größe von etwa 8 cm lassen sich aus Vierkantleisten mit einem Querschnitt von 20 bis 25 mm in einfacher Form schnitzen. Sowohl die Höhe der Figuren als auch ihre Körperfülle sollten innerhalb einer Gruppe etwas unterschiedlich gestaltet sein. Wie beim Drechseln beginnen Sie mit einer Frauenfigur im langen Rock, die durch anzusetzende Teile vielfältig abgewandelt werden kann. Die Zeichnungen zeigen den Arbeitsablauf. Auf einen Stab, der zur besseren Handhabung zunächst viel länger als die Figurengröße sein muß, zeichnen Sie die Figur in Vorder- und Seitenansicht auf (Bild a). Mit dem Messer wird an Taille und Hals beidseitig eingekerbt. Den Kopfumriß schneiden Sie zuletzt. Wer sich noch nicht sicher genug fühlt, um die Linien der Seitenansicht an den Einschnittstellen frei zu ergänzen, sollte sich vorher eine Schablone schneiden, mit deren Hilfe die Formumrisse wieder aufs Holz übertragen werden können.

Beim Herausschnitzen des Profils der Figur empfiehlt es sich, ebenfalls von der Taille aus nach oben zu gehen. Brust- und Rückenlinie verlaufen unterschiedlich. Beim Hals sollte nur von vorn etwas tiefer eingekerbt werden, damit die Schultern so weit nach hinten kommen, daß für die Gesichtspartie genügend Holz zur Verfügung steht. Anfänger lassen auch meist zuwenig Raum für das Hinterhaupt. Deshalb führen wir das Haar bzw. das Kopftuch bis an die hintere Grenze des Vierkants.

Karl Müller: »Waldgänger«. Pyramidenfiguren. Höhe 8 cm, Fichte, gedrechselt, beschnitzt und mit Leimfarben bemalt, 1955.
Die unterschiedlichen Figurentypen entstanden aus der Docken-Grundform mit dem Hut. Sie wurden ergänzt durch Beschnitzen und geschnitzte Arme, durch Ausstattung mit Werkzeug und verschiedenen Gegenständen und durch das Bekleben mit Papier.

Nachdem diese Arbeitsschritte vollzogen sind, haben wir eine Figur erhalten, die klobig erscheint, weil sie einen rechteckigen Querschnitt hat. Das roboterhafte Aussehen verwandelt sich, sobald an den verbindenden Kanten schräg angeschnitten wird und der Querschnitt sich dadurch der organischen Körperform annähert. Das sollte nicht mechanisch mit gleich breiten Schnitten geschehen, sondern mit Feingefühl, wodurch die individuellen Körperformen betont werden. Am Rumpf muß eine genügend große Ansatzfläche für die Arme frei bleiben. Nach dem Anleimen können die Ansatzstellen an beiden Seiten sauber verschnitzt werden.

Beim Schnitzen der Arme wenden Sie Erfahrungen an, die Sie beim Gestalten gedrechselter Figuren sammeln konnten. Die Arme schneiden Sie aus flachem Holz, das Sie eventuell selbst in entsprechender Stärke abspalten. Die Holzfasern sollen längs durch die Form des Armes laufen. Bei leicht gebeugten wie stark angewinkelten Armen ist die Faserrichtung zu suchen, die durch die weiteste Strecke geht. Dadurch wird die Bruchgefahr verringert. Die Seitenflächen des Armes, auf Kante geschnitten, fügen sich in die großformig gestaltete Figur ein. Das erfordert es, auch die Gesichtsteile nur mit wenigen, möglichst großflächigen Schnitten zu gestalten (über das Schnitzen der Köpfe siehe Seite 76 ff).

Die auf diese Weise entstandene Figurengrundform läßt sich auf beliebige Art abwandeln. Sollen unter einem kürzeren Rock Beine und Füße sichtbar werden, so sind diese ebenfalls in blockhaften Formen herauszuarbeiten. Während die Figuren im langen Rock keine besondere Standfläche benötigen, deshalb nach Beendigung des Schnitzens mit der Feinsäge vom langen Holzstück abgeschnitten werden können, muß bei allen anderen eine kleine Scheibe unter der Figur als Basis stehenbleiben. Die Füße, die aus dem massiven Holz herausgeschnitten werden, sind fest mit ihr verbunden.

Als Anregung für eigene Formvarianten sind einige Entwurfszeichnungen angefügt, die zeigen, wie von einer Grundfigur aus durch kleine Veränderungen andere Figurentypen entstehen. Das läßt sich durch Kleidung, Kopfbedeckung und andere Attribute erreichen:

Langer Mantel, breitkrempiger Hut, Tasche und Stab kennzeichnen einen Hirten. Stiefel, Joppe und Hut lassen den Bauern erkennen. Die Krempe seitlich und hinten abgeschnitten, ergibt die Kopfbedeckung eines Waldarbeiters, Jägers oder Waldgängers. Wird die Krempe ganz weggelassen, entsteht daraus der Schachthut eines Bergknappen. In den oberen Rand des topfartigen Hutes eingeschnittene Kerben lassen eine Krone entstehen.

Einfache Pyramidenfiguren aus Vierkantholz.
a Umrisse, in Vorder- und Seitenansicht auf den Vierkantstab aufgetragen.
b Umrisse nach der Werkzeichnung, in Vorderansicht ausgeschnitten. Das Holzstück wird zur sicheren Handhabung vorerst nicht gekürzt. Auf die Schnittflächen sind die Linien der Seitenansicht aufzutragen.
c Beim Schnitzen nach der Seitenansicht kann die Kante des Kopftuches schon etwas zurückgesetzt werden.
d Die schrägen, körperbildenden Flächen am Rumpf und am Kopf geben der Figur die charakteristische Form, die für die anderen Figurentypen entsprechend abgewandelt werden kann.
e Die Waldgängerin erhält Arme, die aus Spaltholz geschnitzt sind. Ein Stock und ein Körbchen mit Wildfrüchten kennzeichnen sie.
f Bei der Bäuerin sind derbe Stiefel aus dem Vierkant herausgeschnitzt. Sie trägt einen Krug und schultert eine Hacke.

Auf diese Weise ist auch der Schnitzer ohne Vorkenntnisse der Anatomie des menschlichen Körpers in der Lage, Figuren für eine Pyramide selbst zu gestalten und dabei die Gruppen nach eigenen Vorstellungen zusammenzusetzen.

Zur Formdifferenzierung tritt die Farbgestaltung nach individuellen Vorstellungen hinzu. Sie sollte der großzügigen Schnitzweise angepaßt sein, das Holz wirken lassen und nur mit mattem Oberflächenschutz den Charakter einer Schnitzfigur wahren.

Figuren, deren Körperglieder in den Querschnitt eingebunden sind: stehende Krippenfiguren

Die Bilder a und b zeigen stehende Figuren, bei denen die Arme und das Wickelkind bzw. der Hirtenstab an die Grundfigur angesetzt sind. Die angesetzten Teile werden vom Auge als etwas wahrgenommen, das die plastische Einheit stört. Will man eine in sich geschlossene Wirkung der Figur erzielen, so muß man die Körperglieder und ergänzenden Formen wie das Wickelkind oder den Hirtenstab – für die Heiligen Drei Könige die kostbaren Geschenkgefäße – aus dem Querschnitt des Vierkants herausarbeiten. Das setzt voraus, sich den Verlauf der Formteile in die Gestalt hineinzudenken, wenn das überstehende Holz mit dem Schnitzwerkzeug von außen weggeschnitzt wird.

Für die Maria mit dem Kind als Mittelpunkt einer Gruppe stehender Pyramidenfiguren muß das Wickelbett eng an den Körper herangenommen werden. Die Unterarme ragen nicht mehr in den Raum; sie liegen am Körper an. Die Hände umfassen das Kind im Wickelbett behutsam.

Beim Schnitzen dieser Figur kann man vom quer gestellten Vierkant ausgehen. Für 10 cm hohe Figuren lassen sich Leisten mit einem Querschnitt von 20 bis 25 mm verwenden. In die vordere und seitliche Fläche werden die Vorderansicht und der Seitenriß eingezeichnet (siehe Bild Seite 34 oben). Während es nach den vorausgegangenen Übungen ohne Schwierigkeiten möglich sein wird, beim Schnitzen Kopf und Rumpf im Holz richtig einzuordnen, wird es einiger Überlegungen und Beobachtungen der Armhaltung am eigenen Körper bedürfen, den Unterarm, dicht am Körper anliegend, schräg nach vorn zu führen. Die Arme, wie das Wickelbett, dürfen nicht hinterschnitten werden. Sie sind im stumpfen Winkel angebunden. Das erhält den Zusammenhang der Maserung. Außerdem wird erreicht, daß bei erfor-

Pyramidenfiguren aus Vierkantholz, Arme angesetzt.
a, b, c Beim Schnitzen der männlichen Figuren ist die Abfolge der Arbeitsgänge ähnlich wie bei den Frauenfiguren. Sowohl die Kleidung und die Kopfbedeckung als auch das Werkzeug oder die Gegenstände in den Händen kennzeichnen den jeweiligen Figurentyp.
d Bauer mit Sense
e Förster mit Jagdgewehr, Feldstecher und Schirmsitz
f Pilzesucher

Pyramidenfiguren, aus dem Stück geschnitzt. Die Figur der Maria mit dem Wickelkind (c = Vorderansicht und d = Seitenansicht) ist aus einem Stück geschnitzt. Im Gegensatz dazu sind bei a die Arme und das Wickelbett mit dem Kind einzeln geschnitzt und an den Rumpf angesetzt. Auch bei dem stehenden Hirten b sind die Arme und der Hirtenstab angefügt.

a b c d

a

Wirkung der Maserung im Stamm und im Balkenholz.
a Im Stamm stecken die gewachsenen Schichten des Holzes ineinander wie die Röhren eines Teleskopes. Schneidet man den Stamm ringsum ein, so führen die sichtbar werdenden Jahresringe den Blick in konzentrischen Linien um die Mitte. Die Schichten der Holzfasern binden alle Formen, die in den Stamm geschnitzt werden, in die festen Holzzellen ein, wenn diese in Richtung der Holzfasern verlaufen. Formen quer zur Faserrichtung brechen bei geringem Seitdruck ab.

derlichen Korrekturen der Armhaltung genügend Holz zum Körper hin zur Verfügung ist. Bei Figuren, die nach vorn gerichtete Gegenstände in den Händen halten, ist es leichter, den Unterarm schräg nach vorn zur Mitte zu führen, wenn das Vierkant übereck gestellt ist. Der Querschnitt der quadratischen Leisten kann, je nach der den Figuren zugedachten Körperfülle, 25 bis 30 mm betragen. Die Schwierigkeit, die Rißzeichnungen auch übereck auf das Holzstück aufzutragen, läßt sich mit Schablonen beheben, die nach den Entwurfszeichnungen (siehe Bild oben a, b und c) geschnitten werden können. Da diese wegen der Kanten, an die sie anzulegen sind, nicht flach aufliegen, projiziert man die Linien an die entsprechende Stelle der schrägen Seitenflächen. Beim Herausschnitzen der Konturen können die Schablonen von Zeit zu Zeit zur Kontrolle angehalten werden.

Zuerst schneidet man an den seitlichen Kanten der übereck gestellten quadratischen Leiste unter der Einkerbung für die Schultern das Holz etwas zurück, so daß genügend Masse für die Oberarmbreite bis zum Ellbogen hin frei wird. Von den Schultern aus werden die Konturen zum Haaransatz bzw. zum Kopfumriß und zur Kopfbedeckung nach oben gezogen.

Will man, wie beim Hirten oder beim König, über die Schultern noch einen breiten Kragen legen, so ist die Oberfläche der Arme nochmals etwas zurückzuschneiden. Unterhalb des Ellbogens sind die Seitenlinien bis zur Bodenfläche hinzuführen. Beim Hirten ist die flach auf dem Mantel aufliegende Tasche in die Umrißlinie einzubeziehen. Läßt man bei der Figur noch Stiefel unter dem Mantel hervorschauen, so darf die optische Einheit nicht durch tiefe Einschnitte zerstört werden. Mit der ausgearbeiteten Vorderansicht sind die Einschnitte in den Umriß fixiert. Vom Ellbogen aus können nun Unterarme und Hände *schräg* nach vorn zur Mitte geführt werden. Sie folgen der Richtung der Seitenflächen zur vorderen Kante. Die Hände und die Gegenstände, die sie fassen, lassen sich in der vorderen Ecke des Vierkants mühelos markieren. Von hier aus läßt sich der Oberkörper in der Seitenansicht aufbauen. Sowohl die untere Hälfte der Vorderseite als auch die Rückseite können nach den Umrissen der Schablonen weiter bearbeitet werden. Außer den schräg geführten Unterarmen sind jetzt alle Körperglieder wieder kubisch. Wie sie mit schrägen Flächen der organischen Körperform angenähert werden können, ist durch die vorausgegangenen Übungen bekannt. Anschließend sind die Feinformen des Kopfes und der Hände in Stileinheit mit der großformigen Gestaltung der übrigen Figur auszuarbeiten.

a

b

c

Figuren aus dem Vierkant, übereck.
a und b Hirte. c König, ein Geschenk darbietend. Wird der Querschnitt übereck gestellt, ist es beim Schnitzen der stehenden Figuren aus Vierkantholz leichter, die Arme in natürlicher Stellung nach vorn zusammenzuführen und an den Rumpf anzulegen. Da die Körperglieder am Rumpf anliegen, wirkt die plastische Gestalt geschlossener.

Für den aufrecht stehenden König ist die Grundform ähnlich wie beim Hirten. Über der Schulter liegt ein flauschiger Kragen aus »Hermelin«. Der lange Mantel reicht bis zum Boden. Er wird abschließend von einem Streifen des kostbaren Pelzes umsäumt. Beide Hände führen leicht nach oben, ein bauchiges Gefäß mit kostbaren Geschenken darbietend. Bart und langes, auf dem Kragen aufliegendes Haar fügen sich in die geschlossene Gesamtform ein, die von der Krone nach oben abgeschlossen wird.

Am Beispiel der drei Figuren konnten Erfahrungen gewonnen werden, wie plastische Durchformung in materialgerechter Verarbeitung möglich wird. Der schnittige Charakter der Figuren sollte beim Ausarbeiten der Feinformen erhalten bleiben und bei eventueller farbiger Oberflächengestaltung nicht durch zu viele Einzelformen oder gar durch zu dichten Farb- oder Lackauftrag zerstört werden.

3.5 Große Figuren im gewachsenen Stamm und im Balkenholz

Form und Maserung im Stamm

Das Holz als Werkstoff für figürlich-plastisches Gestalten hat seine Ursprungsform im Stamm. In den Eigenschaften, die durch das jährliche Wachsen der Schichten des Früh- und des Spätholzes um die Mittelachse, die Markröhre, entstehen, erhält das Holz seine Schönheit und seinen Eigenwert gegenüber anderen Werkstoffen.

Die gewachsenen Schichten des Stammes stecken wie die Röhren des Teleskopes ineinander. Sie werden beim Anschneiden von außen her als Maserung sichtbar.

Der Stamm, von Natur her Träger der Krone des Baumes, wird in der Architektur wiederum zum Tragen und Stützen eingesetzt, seitdem der Mensch das Holz zum Bauen nutzt. Die Säule in Stein wurde später in der Form von der Holzbauweise übernommen. Anders als bei der nahezu homogenen Struktur des Steines, werden die Formeigenschaften des Holzes von seiner gewachsenen, längsgerichteten Struktur der Holzfasern bestimmt.

Kerbt man den Stamm mit dem Werkzeug ringsum ein, so laufen die

b

b Beim Balkenholz läßt sich an den Längsseiten das Bild der Maserung berechnen, wenn die Lage der Holzschichten am Hirnschnitt beachtet wird. Bei flachen, quer gerichteten Einkerbungen lassen die dunkleren Jahresringe linsenförmige Muster entstehen.

Rechte Seite, unten:
Geschnitzte Schmuckformen an einem Fachwerkhaus in Halberstadt. Ursprünglich eine Mühle. 1594.
Das Bürgertum drückte sein Standesbewußtsein und individuelle Wünsche für ein langes, glückerfülltes Leben in Symbolen aus, mit denen Balken und Füllhölzer im Rahmenbau geschmückt waren.

Dünngliedrige Formen im Querholz brechen ab.
Wie sich zerstörende Kräfte auswirken, wenn sie sich gegen dünngliedrige Formen quer zur Holzfaser richten, zeigt die um 1500 entstandene »Anna selbdritt« aus Weisenborn – ein Frühwerk von Peter Breuer. Die dünnen, frei in den Raum ragenden Arme der beiden kleineren Figuren, die nicht an den massiven Kern des Stammes gebunden waren, sind weitgehend abgebrochen.
Im kleinen Querschnitt dünner Formen ist die Bruchfestigkeit stark verringert, wenn die Holzfasern nicht längs durchlaufen.

Linien der angeschnittenen Röhren ebenfalls rings um die Mittelachse; sie wiederholen die Außenform in konzentrischen Kreisen, binden dadurch den Blick, führen ihn an die Mitte. Diese Gerichtetheit der Holzfasern wirkt sich in zweifacher Weise auf die Form der Schnitzarbeit aus: Zum ersten führen die Jahresringe bei gewölbten Formen immer wieder an den plastischen Kern des Stammes. Die Linien, ob quer oder längs laufend, führen den Blick und verändern dadurch optisch die Formwerte. Zum zweiten wird die Bruchfestigkeit wesentlich von der Richtung der Holzfasern bestimmt. Handwerkliche Erfahrung hat daraus zu Formkonsequenzen geführt: Körperglieder werden möglichst großflächig an die festen Schichten des Stammes gebunden. Herausragende Teilformen, wie z. B. Hände oder Attribute der Heiligen, sind für sich in der Längsfaserrichtung geschnitten und in die Figur eingesetzt. Auch die Arme eines gekreuzigten Christus werden aus dem Langholz geschnitzt und übergangslos an den Rumpf gefügt.

Figuren wie die »Anna selbdritt« aus der Kirche zu Weißenborn, die um das Jahr 1500 in Zwickau aus einem Lindenstamm herausgeschnitzt worden ist, lassen erkennen, daß dünngliedrige Teile quer zur Faserrichtung leicht abbrechen.

Werden Stämme beschnitzt, die im Bauwerk als Stütze dienen sollen, so darf nur flach in die Mantelfläche eingeschnitten sein, wenn der Säule eine hohe Tragfähigkeit erhalten werden soll.

Form und Maserung im Balkenholz

Balkenholz hat einen quadratischen Querschnitt. In ihm sind der Kern mit der Markröhre und große Teile des Splints enthalten. Für den Holzbau ist Balkenholz der Baustoff, der die Form des Baugefüges bestimmt. Beim Bau wie bei Restaurierungsarbeiten sind gründliche Kenntnisse der Eigenschaften des Werkstoffes gefragt.

Die geschnitzten Schmuckformen am Fachwerk bringen die Konstruktion in seiner Schönheit voll zur Geltung; sie dürfen aber keineswegs die Bruchfestigkeit und die Tragfähigkeit gefährden. Figuren, gegenständliche und ornamentale Zierformen werden nur flach in das Holz eingeschnitzt. Beim Beschnitzen der Flächen und Kanten kann man mit einiger Sicherheit die Wirkung der Maserung vorausberechnen, wenn man sich an der Lage der Holzschichten in der Hirnschnittfläche orientiert. Beim gleichmäßig tiefen Einkerben in eine Seitenfläche, quer zur Faserrichtung, entsteht ein symmetrisches Bild. Die Linien des dunkleren Kernholzes laufen linsenförmig zusammen. Die angeschnittenen äußeren Schichten wiederholen diese Form und lassen sie zur Kante hin ausklingen. Mit dem entstandenen Ornament läßt sich die Längsform des Balkens gliedern. Besonders bedeutsame Stellen in der Konstruktion werden durch das Ornamentband der Maserung betont.

Setzt man mehrere Kerben gleicher Größe unmittelbar aneinander, so entsteht im Wechsel von zusammenlaufenden und auseinandergehenden Linien ein Muster, das sich rhythmisch wiederholt. Das Einkerben in den Mantel des Ganzholzes ergibt Schmuckformen, die nur im Werkstoff Holz zustande kommen können. Die Meister der Fachwerkschnitzerei wußten davon, und sie wendeten sie bei Schmuckmotiven wie Unendlichkeitsband, Wendel, Eierstab, Sonnenwirbel, Masken u. ä. sinnbezogen an.

Als Beispiel für Übungen werden einige geometrische Motive gezeigt, die nur anregen wollen, eigene zu erfinden.

c

c Die ornamentbildende Wirkung der Jahresringe wird für den reichen Schmuck der Fachwerkhäuser genutzt. In die tragenden und quer lagernden Bauglieder darf aber nur flach eingeschnitten werden, damit ihre Tragfähigkeit nicht gefährdet wird. Muster entstehen, wenn sich die flachen Einschnitte rhythmisch wiederholen. Die Skizzen sollen zu ornamentalen Schnitzübungen in der Architektur anregen.

a b c d e f g

Stelen und figürliche Gartenplastik.
Stamm und Balkenholz bedürfen nur geringer Bearbeitung mit dem Schnitzwerkzeug, um mit ihrer aufragenden Form als schmückendes Element dem Garten eine persönliche Note zu geben.
a Stamm als Träger einer Pflanzenschale.
b Der Stamm als Träger der Pflanzenschale kann die stark vereinfachte Form einer Frauenfigur haben.
c In das Vierkantholz sind Kerben eingeschnitten, die die aufragende Form rhythmisch gliedern und die Maserung zur dekorativen Wirkung bringen.
d Balkenholz als Stele mit dekorativen Zonen, mit Monogramm und Jahreszahl.
e Dekorative Frauenfigur, flach in die Außenkante eines Eckständers geschnitzt.
f Schäfer ins Balkenholz geschnitzt, übereck im Querschnitt.
g Gärtnerin. Gartenplastik, in den Mantel eines Stammes geschnitzt (vorzugsweise Lärche). Die Formen dürfen nicht unterhöhlt werden, damit das Regenwasser ablaufen kann und das Holz vor Fäulnis geschützt ist.

Beispiele für angewandtes figürliches Schnitzen am Stamm und Balkenholz

Ohne die Motive von Fachwerkschnitzereien zu kopieren, ist es auch in der Gegenwart möglich, Balken und Bohlen in Holzbauten und als Stelen für das Freigelände dekorativ zu beschnitzen. Geometrische Schmuckmotive lassen sich gut in hölzerne Vorbauten einbeziehen.

Im Vorgarten wirken aufrecht stehende Stämme und Kanthölzer wie Male in der Landschaft. Sie können frei im Grünen stehen. Stamm und Balken können auch als Träger von Pflanzenschalen genutzt werden.

Die Zeichnungen a bis g zeigen einige Gestaltungsmöglichkeiten.

a Ein Stamm von etwa 100 cm Höhe erhält zwei Einkerbungen, die die Säule in »Kopf« und »Körper« gliedern. Das obere Ende erhält eine ringsum führende Fase. Als Schutz vor Fäulnis ist eine Steinbasis erforderlich mit Fugen, die das Wasser ablaufen lassen. Ein Eisenstab, am unteren Stammende in eine Bohrung gesteckt, in den Unterbau eingemauert, sorgt für den festen Stand des Trägers der Pflanzenschale.

b Die abstrahierte Frauenfigur ist ebenfalls aus dem Stamm herausgeschnitzt. Die lapidare Wirkung der Einschnitte sollte nicht durch weiteres kleinformiges Beschnitzen zerstört werden.

c Ein Ganzholzstück, etwa 20 cm dick und 80 bis 100 cm hoch, wird zum Träger einer Pflanzenschale. Die Gegensätze zwischen der aufragenden, strengen kubischen Form und dem runden Körper der keramischen Schale wirken in einem ebenen Garten belebend.

d Ein Balken gleicher Größe ist als Stele gestaltet. Die dachförmig-geometrischen Einkerbungen bringen die Maserung an den Seitenflächen zum Klingen. Die Vorderseite ist mit dem Monogramm und der Jahreszahl des Entstehens beschnitzt.

e Es wird eine Möglichkeit gezeigt, in die vordere Kante eines frei stehenden Eckständers für einen Holzbau figürliche Motive flach einzuschnitzen. Der Entwurf lehnt sich an historische Vorbilder an.

f und g Für freie Gartenplastiken sind die Entwurfszeichnungen des Schäfers und der Gärtnerin gedacht. Die Figur des Schäfers ist eine Umsetzung der kleinfigurigen Entwürfe für das Schnitzen im Vierkantholz. Die Form wirkt monumental, wenn wenig Holz von der Außenform abgetragen wird.

Claus Leichsenring: Maientanz. Linde, lasierend bemalt, Höhe 90 cm.
Die Skulptur der beiden Tanzenden wurde für die Aufstellung im Freien geschaffen. Die Körper sind ohne Zwischenraum aneinandergerückt. Teilformen der Körperglieder liegen reliefhaft auf. Das Regenwasser kann abfließen, ohne zerstörend auf den witterungsempfindlichen Werkstoff einzuwirken.

Rolf Kunze: Stele. Bergoffiziant. Eiche, Höhe 55 cm. 1970. Detail.
Die Form wurde vorgedrechselt und flach beschnitzt. Alle Teilformen liegen reliefhaft im Mantel der Säule. Durch das Vermeiden von Unterhöhlungen wird an allen Formübergängen die zusammenhängende Zeichnung der Maserung sichtbar.

In gleicher Weise wirkt die Frauenfigur, wenn die Gesichts-Teilformen, die Hände und das Werkzeug flach auf dem Formkern im runden Querschnitt aufliegen. Um witterungsbeständig zu sein, dürfen Holzskulpturen im Freien keine tiefen Einschnitte erhalten, in denen sich das Regenwasser sammelt.

Wer die gezeigten Entwürfe nach eigenen Vorstellungen abwandeln will, kann die bisher angebotenen Beispiele kleiner Figuren auch im größeren Format ausführen. Das erfordert aber, alle Teilformen – dem Gestalten in Holz entsprechend – so in die Gesamtfigur einzubinden, daß keine tiefen Einschnitte von der Oberfläche aus die monumentale Form zerstören.

4 Körperbau und Gestaltungslehre für das Schnitzen von Figuren in mittlerer Größe

»Es ist weit mehr Lehrbares und Überlieferbares in der Kunst, als man gemeinhin glaubt.«

J. W. von Goethe

Heinz Müller: Wartendes Mädchen. Linde, Höhe 24 cm, 1963.
Die Gliedmaßen der Sitzenden sind so in die Holzform eingebunden, daß keine Teilform abbrechen kann.

4.1 Das Besondere der Schnitzfigur mittlerer Größe

Im traditionsreichen Schnitzgebiet des Erzgebirges treten Figuren in einer Größe über 15 bis 20 cm, die nicht von Berufsbildhauern geschaffen wurden, verhältnismäßig spät auf. In den bergmännischen Schaukästen (siehe Bild Seite 6) stehen die kleinen Figuren im Zusammenhang des Bergbaubetriebes, der oft mechanisch bewegt dargestellt wurde. Krippenfiguren für die häusliche Andacht, von Bauern und Handwerkern meist nach den Vorbildern der großen Schnitzaltäre selbst gefertigt, bleiben im kleinen Maßstab.

Erst mit dem entstehenden Tourismus gegen Ende des 19. Jahrhunderts sind geschnitzte Figuren als Reiseandenken gefragt. Bestimmte, für die Landschaft typische Figuren werden aus dem Zusammenhang der Krippen oder Krippenberge herausgelöst und in größerem Maßstab geschnitzt. Das Schnitzen größerer Figuren erfordert aber auch größeres Können und gewisse Kenntnisse über den Körperbau. An die Stelle des unbekümmerten Fabulierens ohne Beachtung der Proportionen und der funktionalen Zusammenhänge der Körperform tritt bei vielen Schnitzern das Bemühen, im größeren Schnitzwerk alle Einzelheiten möglichst erscheinungsgemäß abzubilden. Wenn dieses Bestreben nach Wirklichkeitsnähe nicht von dem Gefühl getragen wird, was man dem Holz abverlangen kann, zerfällt die Figur in Einzelformen; der Blick des Betrachters wird über die vielen Einzelheiten von einer starken Gesamtaussage abgelenkt.

Streben nach Meisterschaft beim Schnitzen von Figuren

Nichtprofessionellen ist es durchaus möglich, gute Schnitzwerke nach eigenen Ideen in ganz persönlicher Ausdrucksweise zu schaffen. Das Figurenschnitzen hat auch an der Schwelle zum Jahr 2000 seine Berechtigung, und es verdient vielseitige Förderung. Es kann nicht auf das Wiederholen traditionell bewährter Motive und Ausdrucksformen beschränkt bleiben. Kreative Menschen in unserer Zeit wollen ihr Schöpfertum beweisen, indem sie Gedanken und Motive aus dem Umwelterleben in persönlich empfundener Form zum Ausdruck bringen. Der Schnitzer, der es beim Gestalten größerer Figuren zu anerkennenswerten Ergebnissen bringen will, »muß von guter Werkleut Kunst erstlich viel abmachen, bis daß er eine freie Hand erlangt«. Dieser wohlmeinende Rat, den Albrecht Dürer um 1525 den Lernenden gab, gilt heute noch, wie zur Zeit der bedeutenden Holzschnitzkunst am Anfang des 16. Jahrhunderts.

Günter Vogel: Rufender. Eiche, Höhe 36 cm, 1985.
Der Schnitzer hat die Figur aus einem Eichenhalbstamm herausgearbeitet. Die Haltung des wetterfest gekleideten Mannes – der sich gegen eine von rückwärts wirkende Kraft stemmt und dessen Hände, den Schall verstärkend, vor den Mund geführt sind – läßt den Betrachter leicht die Gedanken ablesen, die in der Skulptur zum Ausdruck kommen: Das Rufen ist nicht eine momentane Handlung ohne Bedeutung. Der Betrachter wird angeregt, über den Sinn nachzudenken, der vom Schnitzer in das Werk gelegt wurde.
Wenn Feierabendschnitzer Werke in dieser Größe und mit Anspruch auf Sinngehalt gestalten wollen, dann ist es erforderlich, sich gute Kenntnisse über Körperbau und Ausdrucksgehalt plastischer Gestaltung anzueignen.

4.2 Die stehende Figur

Ihre Bauform

»Und daß wir zu einem guten Maß gelangen, dazu dünkt mich's am Allerdienlichsten zu sein, daß Du Dein Maß von vielen lebendigen Menschen nimmst.«

Albrecht Dürer, Proportionslehre, 1528

Meister Dürer mußte bekennen, daß die Schönheit des Menschen in vielerlei Gestalt erscheint. Deshalb empfiehlt er, sich die Gestalt vieler Menschen anzuschauen, sich Wissen über den Körperbau anzueignen und sich beim Beobachten jede Gestalt von ihrem inneren Bau her zu erklären. Stellt man sich die Lage der Knochen und Gelenke unter der Oberfläche des Körpers vor, so läßt sich jeder Figurentyp gut einprägen. Die Haltung und die Bewegungen des Menschen, sein aufrechter Gang sind möglich durch das Gerüst der Knochen und der beweglichen Teile, der Gelenke. Muskeln und Bänder bewegen die Körperglieder des Menschen nach seinem Willen.

Mißverhältnisse und Wirkungsweise des Körpers und seiner Teile

Genaue Vorstellungen über die Lage der Gelenke und Ausmaße der Gliedmaßen helfen dem Schnitzer, sich beim Herausarbeiten der Figur aus dem festen Werkstoff sicher zu orientieren. Die erforderlichen anatomisch-funktionellen Kenntnisse werden im folgenden kurz und bündig dargestellt und jeweils am praktischen Beispiel verständlich. Es hat sich vor dem Schnitzen als praktikabel erwiesen, beim Hineindenken der Figur in den Holzblock von den Füßen her zu beginnen. Füße und Beine bestimmen den Ausdruck der Gesamthaltung des Körpers wesentlich mit. Außerdem ist bei ungeübten Schnitzern, die planlos mit dem Ausarbeiten der oberen Partien beginnen, das Holz meistens »zu kurz«.

Bei Menschen durchschnittlicher Größe nehmen die Beine etwa die Hälfte der Gesamthöhe ein. Die Länge von der Fußsohle bis zum Knie beträgt etwa ein Viertel, die des Oberschenkels, der in das Hüftgelenk mündet, ein weiteres Viertel. Das Hüftgelenk, zugleich das untere Ende des Rumpfes, bezeichnet die Körpermitte. In die obere Körperhälfte fügen sich das Becken, die Wirbelsäule und der Kopf ein.

Die Wirbelsäule ist doppelt s-förmig gekrümmt. An der Wirbelsäule hängt der Brustkorb mit dem Schultergürtel. In den Schultergelenken bewegt sich beidseitig der Oberarm, der über das Ellbogengelenk und die beiden Röhren Elle und Speiche, verbunden durch die Knochen des Handgelenks, zu dem leistungsfähigen menschlichen Werkzeug der Hand führt.

Der obere Halswirbel – Atlas – trägt die Schädelkapsel in Form eines quer liegenden Eies. Unter dem Ohr ist der Drehpunkt des Unterkiefers, der mit Muskeln und Bändern dort beweglich angebunden ist.

Die Größe des Kopfes, im Verhältnis zur Körpergröße in der Skizze als Kl-Kopflänge (K >) eingezeichnet, ist nicht für alle Menschen gleich. Bei durchschnittlich proportionierten Erwachsenen beträgt sie ein Siebentel bis ein Achtel. Bei großen, schlanken Menschen, wie z. B. Volleyballspielern, kann die »Kopflänge« bis zu einem Zehntel der Gesamtlänge ausmachen, bei Kindern, je nach dem Alter, ein Viertel bis zu einem Siebentel.

Für die Arme gilt als Richtmaß: Oberarmlänge reicht vom Schultergelenk bis zur Taille. Der Unterarm, aus den Röhrenknochen Elle und Speiche bestehend, ist mit dem Handgelenk und der Mittelhand zusammen etwa so lang wie der Oberarm. Nach unten ausgestreckt, reichen die Fingerspitzen ungefähr bis zur Mitte des Oberschenkels.

Mit diesen Maßvorstellungen des durchschnittlich proportionierten Erwachsenen und dem sicheren Überblick über die Ansatzpunkte der Körperglieder an den Gelenken läßt sich jede Figur gedanklich aufbauen.

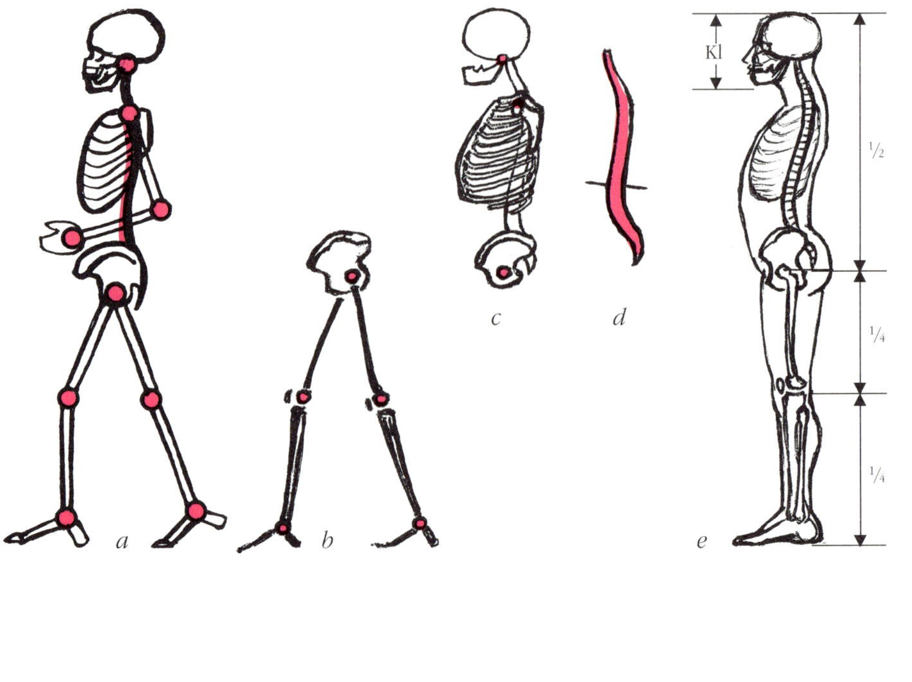

Knochengerüst und Bewegungsausdruck des menschlichen Körpers.
Für die Orientierung im Holz beim Figurenschnitzen sind einige Grundkenntnisse über den Bau des menschlichen Körpers erforderlich.
a Die schematische Zeichnung gibt die Punkte wieder, an denen am menschlichen Körper Bewegungen möglich sind und welche die Lage und Richtung der Körperglieder bestimmen.
b Die unteren Gliedmaßen tragen den Körper und ermöglichen dessen Fortbewegung durch Fußgelenke, Knie und Hüftgelenke. Die Gelenke am Becken liegen etwa in der Mitte der Gesamtlänge des Körpers.
c Obere Hälfte des Körpers.
d Die Wirbelsäule ist die bewegliche Verbindung zwischen dem Bewegungsapparat der unteren Gliedmaßen und dem Kopf. Sie ist doppelt s-förmig gekrümmt. Der Schädel ist durch den obersten Halswirbel, den Atlas, beweglich mit dem Rumpf verbunden. Als markante Punkte treten die Schultergelenke in Erscheinung (s. auch Bild Seite 75) Der Brustkorb hängt am Schultergürtel und an der Wirbelsäule.
e Maßverhältnisse des erwachsenen Menschen.

Das Schema gibt in Seitenansicht die Proportionen eines Erwachsenen wieder. Dabei handelt es sich um Durchschnittswerte, die individuell stark abweichen können.
Die Höhe des Kopfes vom Kinn bis zum Scheitel (Kopflänge – Kl) wird als Maßeinheit für die Körperhöhe verwendet. Beim Erwachsenen ist die Kopflänge 7- bis 8mal in der Gesamtlänge des Körpers enthalten.

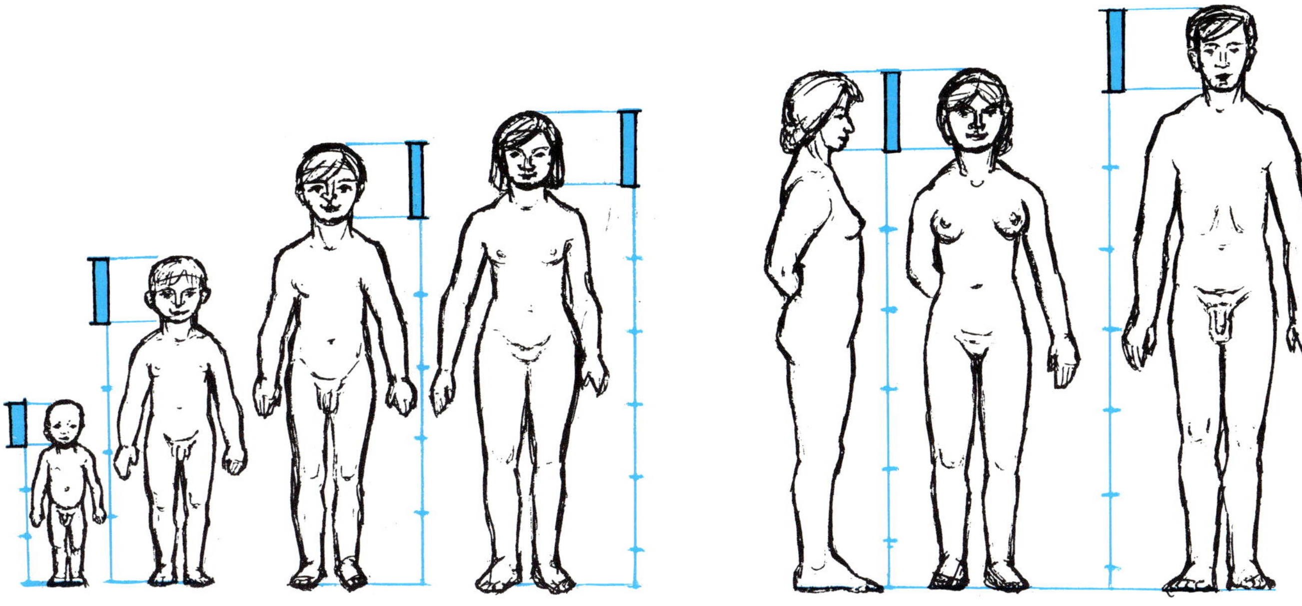

Die Entwicklung des Körperbaus beim Menschen.
a Beim Neugeborenen ist der Kopf weiter ausgebildet als die Körperglieder. Körpergröße etwa 50 cm. 4 Kl.
b Zweijähriger, etwa 90 cm. 5 Kl.
c Junge, 6 Jahre, etwa 120 cm. 6 Kl.
d Mädchen, 10 Jahre, etwa 130 cm. 6 1/2 Kl.
e Mädchen, 12 Jahre (Vorder- und Seitenansicht), etwa 140 cm. 7 Kl.
f Junge, 14 Jahre, etwa 160 cm. 7 bis 7 1/2 Kl.

Das volkstümliche Schnitzen bevorzugt das Charakteristische, liebt auch die Übertreibung. Von den mittleren Maßverhältnissen aus läßt sich jeder Figurentyp abwandeln, wenn man die Proportionen entsprechend verändert. Je nach der Aussageabsicht kann das in der Körperfülle, in der Unterlänge, im Verhältnis der Kopflänge und in der Beachtung der für die Person typischen Mimik und Gestik geschehen.

Der Bau des Körpers mit seinen festen und beweglichen Bestandteilen wird zunächst an der Seitenansicht dargestellt. Sowohl für die Idealfigur als auch für deren Abwandlung in charakteristische Formen ist die Vorder- und die Rückansicht ebenso aussagewirksam wie das Figurenprofil. Im folgenden wird auf den Körperbau von aufrecht stehenden Erwachsenen in Normalfigur näher eingegangen. (Beachten Sie bitte auch den Abschnitt »Die Bauteile der Schnitzfigur«, Seite 70 ff.)

Körperbau und Maßverhältnisse der männlichen und weiblichen Normalfigur: Bergmannsleuchter und Leuchterengel

Vor dem Schnitzen steht immer die Überlegung, was soll die Figur ausdrücken? Die alten Meister stellen sowohl Bergmann als auch Engel als würdevolle Erscheinung dar, als Lichtbringer, im irdischen wie im übertragenen Sinnbezug. Unsere Kenntnisse über den Körperbau lassen nach einigen Versuchen eine Werkzeichnung entstehen, bei der diese besondere Haltung des Lichttragens ersichtlich ist. Da die Bergmannsgestalt zugleich die Funktion eines Leuchters übernehmen soll, dürfen die Einzelformen der Kleidung im Formzusammenhang der Figur nicht störend wirken. Sie sind ohne harte, die Maserung zerschneidende Übergänge an den Körper zu fügen und an die Forderungen des Gebrauchsgegenstandes zu binden, wie Standfestigkeit, Handhabbarkeit, Tropfschutz der Kerzenhalter usw.

Zur Repräsentation seines Reichtums ließ der sächsische Kurfürst August der Starke Bergleute mit der besten Figur aus den Revieren auswählen und in das Aufzugshabit kleiden. Für unsere Leuchterfigur ist die Kleidung eines Bergoffizianten aus dem 18. Jahrhundert ausgewählt; Perücke, das Bergleder und die geschlossene Beinstellung kommen der Forderung des Gebrauchsgegenstandes an die Form entgegen; die Proportionen einer Idealfigur schaffen den Nimbus für die lichtbringende Erscheinung.

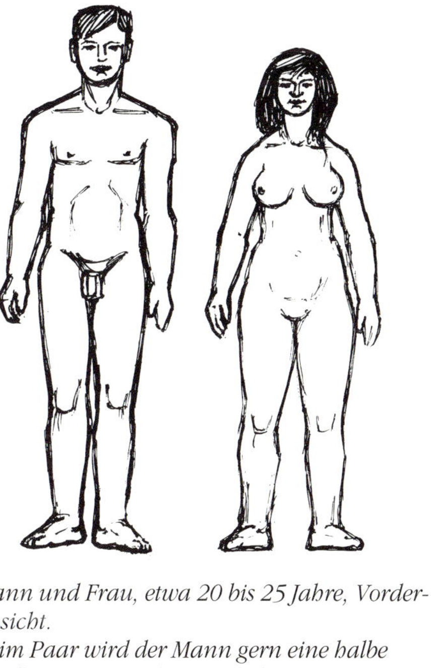

Mann und Frau, etwa 20 bis 25 Jahre, Vorderansicht.
Beim Paar wird der Mann gern eine halbe Kopflänge größer dargestellt (180 cm; 8 Kl.)
Die sportliche Figur zeichnet sich durch breite, hohe Schultern aus.
Fallende Schultern und breite Hüften galten als Merkmale des fraulichen Typs.

Historische Formen des Bergmannsleuchters. In der Blütezeit des Erzbergbaues entwickelten die Gewerke und Knappschaften eine reiche bergmännische Kultur. Das Standesbewußtsein drückte sich in historischen Formen der Bergmannsleuchter aus, die in Zinn (nach Modellen aus Holz für die Gußformen), in Silber, Holz und anderen Materialien ausgeführt wurden. An den Bergmannsleuchter wurden neben der Repräsentation auch die Anforderungen eines Gebrauchsgegenstandes gestellt.

Bergmann in historischer Kleidung. Handzeichnungen als Vorstudie für die Werkzeichnung

unten:
Werkzeichnung für einen Bergmannsleuchter in Vorder-, Seiten- und Rückansicht. Maßstab 1:2.

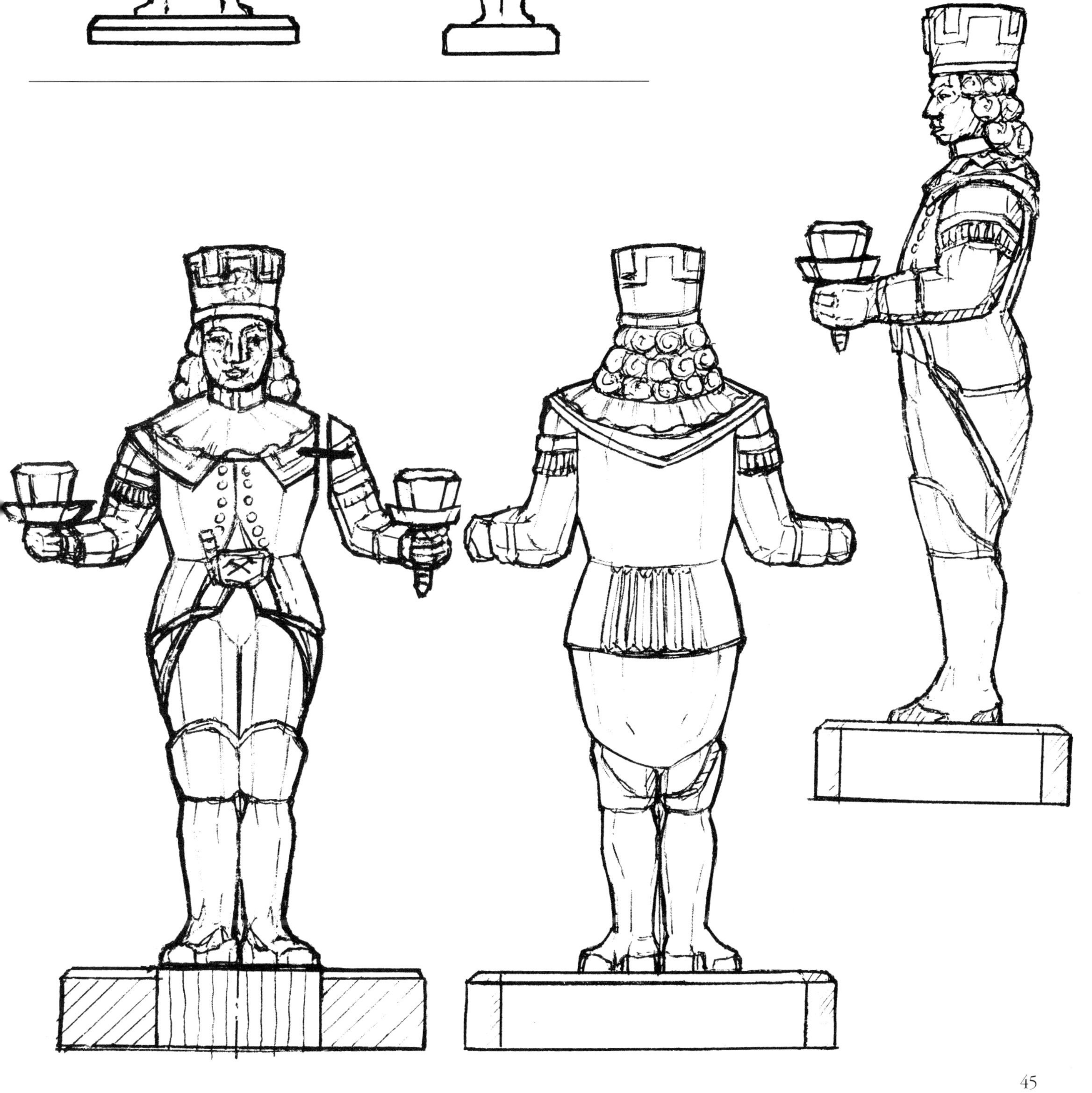

Rolf Kunze: Lichterbergmann. Linde bemalt, Höhe 47 cm.

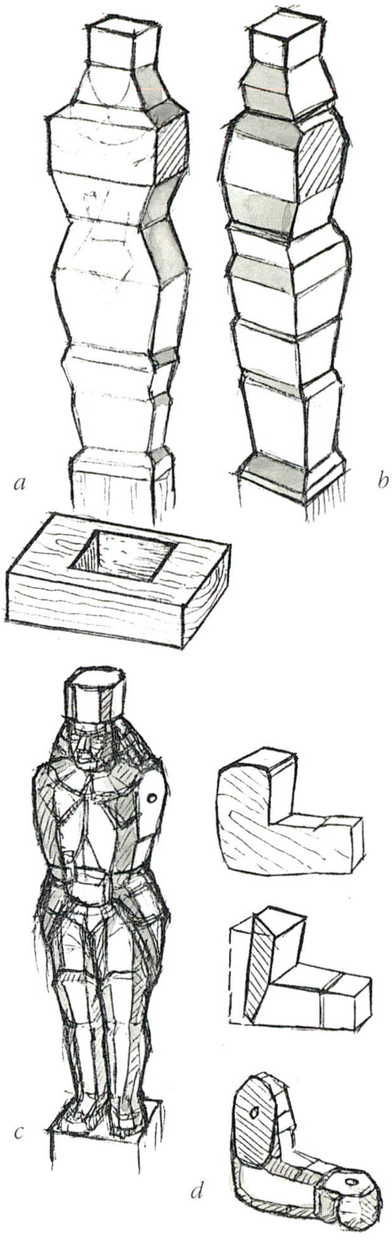

Die Arbeitsschritte beim Schnitzen des Bergmannsleuchters.
a Aufzeichnen und Herausarbeiten der Vorderansicht. Einfügen des Körpers im Längsholz in das Querholz des Sockels.
b Abtragen des Holzes im Profil.
c Durch körperbildende Schrägen erhält die Figur ihre Gestalt. Die Kanten sind mit Feingefühl so zu schnitzen, daß die Körperglieder organisch aneinandergefügt erscheinen und die Kleidung den Ausdruck der Figur erhöht. An den Übergängen der Teilformen darf das Holz nicht hinterschnitten werden; im stumpfen Winkel abgesetzt, bleibt der Zusammenhang der Holzfasern sichtbar.
d Der Oberarm muß schräg angeschnitten werden, damit die Arme seitlich nach vorne gerichtet sind (wie in der Werkzeichnung ersichtlich).

Die Skizzen a bis d lassen die Schritte beim Schnitzen der Figur erkennen. Beine, Rumpf und Kopf werden aus 30 cm hohem und 6 cm starkem Langholz nach der Werkzeichnung in Vorderansicht ausgesägt oder mit den Schnitzeisen ausgestemmt (über die Handhabung der Schnitzeisen siehe Seite 119). Unter den Füßen muß genügend Holz stehen bleiben, das als Zapfen für den Leuchterfuß dient. Nach der Zeichnung arbeitet man dann für den Körper in Seitensicht das überstehende Holz ab. Dabei sollte außerhalb der Rißlinie noch etwas Holz stehenbleiben, denn die Figur erscheint nach dem räumlichen Beschnitzen dünner, als die flächige Zeichnung erkennen läßt. Eine Schicht in Reserve hilft Fehler auszugleichen, die oft entstehen, wenn Faserrichtung und Schnittführung nicht übereinstimmen.

Der rechteckige Querschnitt muß nun durch Absägen der verbindenden Flächen zwischen Vorder- und Seitenansicht der meist oval verlaufenden Körperform angenähert werden. Dabei ist darauf zu achten, daß die Ansatzstellen für die Arme an den Schultern (in der Skizze schraffiert) als ebene Flächen erhalten bleiben, an die die Arme mit Dübeln angefügt werden. Die Ansatzstellen sind nach dem Verleimen beim Ausarbeiten der Feinformen sauber zu schnitzen, wobei man auf die unterschiedliche Faserrichtung zu achten hat. Bei den Übergängen an den verschiedenen Teilformen des Körpers und der Kleidungsstücke, wie beispielsweise vom Bergleder zum Oberschenkel, sollen die Holzfasern in ihrem Zusammenhang sichtbar bleiben. Das wird erreicht, wenn die Ränder weder rechtwinklig abgesetzt noch hohl unterschnitten, sondern schräg in stumpfem Winkel an die darunterliegende Form gebunden werden.

Das Holz für den Leuchterfuß wird erst nach dem vollständigen Beschnitzen der Leuchterfigur auf das vorgesehene Maß gebracht und angeleimt, weil das Werkstück sich so besser festspannen und bearbeiten läßt.

Grundlegendes Wissen über den Körperbau von Mann und Frau läßt sich beim Schnitzen des Leuchterpaares Bergmann und Engel anwenden. Der erfahrene Schnitzer baut die Figuren von unten nach oben und von innen nach außen auf, während Anfänger eher vom Äußeren herangehen und von der Trachtenzeichnung Teilformen abnehmen und zu Teilformen aneinandersetzen. Es gilt sowohl für Bergmann als auch Engel, die Körper in ihrer plastischen und geschlechtsspezifischen Form zu »bauen«. Wenn Proportionen und Haltung im Formzusammenhang stimmen, dann können die Teilformen der Kleidung in das Formganze eingefügt werden.

Nach überlieferten Anschauungen gilt ein Paar als wohlproportioniert, wenn der männliche Partner etwa um einen halben Kopf größer erscheint als der weibliche. Im Körperbau ergeben sich Unterschiede, die aus den verschiedenen biologischen Funktionen beider Geschlechter und den davon abhängenden Lebensbedingungen resultieren. Die Umrißform von den Schultern bis zu den Füßen wird beim Mann als Keil, bei der Frau als Spindel bezeichnet. Während die Keilform durch die breiten Schultern zustande kommt, gibt die ausgeprägte Hüftpartie der Frau den Anlaß zu diesem formelhaften Vergleich (vgl. Seite 43 unten rechts).

a b c

Lichterengel, Werkzeichnung. Maßstab 1:2.
a Vorderansicht
b Seitenansicht
c Ansatz der Flügel und Form des Armes mit der Lichtertülle

Rolf Kunze: Lichterengel. Linde bemalt, Höhe 32 cm.

Diese allgemein bekannten Fakten werden beim Schnitzen in plastische Form umgesetzt. Schulter- und Hüftbreite und Formverlauf, ob kantig oder weich fließend, lassen sowohl den Unterschied der Geschlechter als auch die Differenzierung in Ausdruckstypen wie schlank-grazil oder derb-füllig usw. bildhaft werden. Anstelle fester Regeln helfen hier nur Beobachtungsgabe und Einfühlungsvermögen, das rechte Maß zu finden.

Die Reihenfolge der Arbeitsgänge für den Lichterengel vollzieht sich ähnlich wie beim Bergmannsleuchter. Die Werkzeichnung läßt den Verlauf der Körperkanten erkennen. Die Farbigkeit beider Figuren wird aus den Bildern Seite 46 und 48 ersichtlich.

Entwurfszeichnungen für Figuren eines Bergaufzuges. An Festtagen ziehen die Bergleute in historischer Kleidung der verschiedenen bergmännischen Berufe und Ränge auf. Ein geschnitzter Bergaufzug gehört zum begehrten Festschmuck in der Weihnachtszeit.

Steiger mit Steigerhäckchen
Bergmusikant
Häuer mit Barte
Bergzimmermann mit »Kaukamm« (Axt)
Bergschmiedemeister
Hüttenarbeiter
Blaufarbenwerker
Bergfertiger (Invalide)

4.3 Die schreitende Figur

Körperfunktion und Ausdruck schreitender Figuren: ein Bergaufzug

Geschnitzte Bergleute zu einem Festzug sind in Berchtesgaden, vom Salzbergbau herkommend, ebenso beliebt wie im sächsischen Erzgebirge, wo nach der Tradition die verschiedenen Berufszweige der Silbererzgewinnung das Bild des Aufzuges bestimmen.

Viele Schnitzer begnügen sich nicht damit, allen Figuren nach einer Schablone die gleiche Gestalt zu geben. Jeder der im Aufzug Marschierenden hat sein Eigenleben, das in seiner Körperhaltung, in Mimik und Gestik zum Ausdruck kommt. Schwere Arbeit im Bergmannsberuf, einförmige Belastung der Körperglieder prägen den eigenen Ausdruck bei der Gehbewegung auf.

Die Entwurfszeichnungen für die Figuren des Bergaufzuges drücken Unterschiede im Körperbau, in der Haltung und in der Kleidung der verschiedenen Berufsgruppen aus.

Der *Steiger,* technischer Leiter und Aufsichtführender in der Grube, schreitet aufrecht, sich der Stellung und Würde seines Standes bewußt.

Häuer und *Bergzimmerer,* von täglicher schwerer Arbeit geformt, gehen etwas gebückt.

Der *Bergschmiedemeister,* eine »gewichtige« Persönlichkeit, die bei dem hohen Werkzeugverschleiß im Betrieb hohe Achtung genießt, geht im Zug mit schwerem Tritt. Er trägt »das Leder vorn« (die Schürze) und auf der Schulter den schweren Vorschlaghammer.

Im Gegensatz zum jüngeren *Hüttenmann* und dem *Blaufarbenwerker,* deren Gliedmaßen noch beweglich sind, schleppt sich der *Berginvalide,* »bergfertig«, am Schluß des Zuges mit müden Schritten hin.

Bei den *Bergmusikanten* ist die Körperhaltung jeweils vom Instrument und dessen Handhabung abhängig. (Nähere Hinweise zur Kleidung der bergmännischen Berufszweige und ihrer Farbe finden Sie auf Seite 57 ff.)

Beim Erarbeiten der Figuren gehen Sie am besten von einem Grundmodell aus, das die Schrittstellung in Seitenansicht zeigt. Es läßt sich für jede Figur, der angestrebten Aussage entsprechend, leicht abwandeln. Der gedankliche Aufbau beginnt mit dem Knochengerüst, über das die Körperglieder und die berufs- und rangbezeichnenden Kleidungsstücke gezeichnet werden. Aus dieser Vorarbeit entsteht für die verschiedenen Figuren die Werkzeichnung. Mit den Schablonen, die daraus zur Orientierung beim Schnitzen geschnitten werden können, ist es möglich, jeder Figur den individuellen Ausdruck zu verleihen.

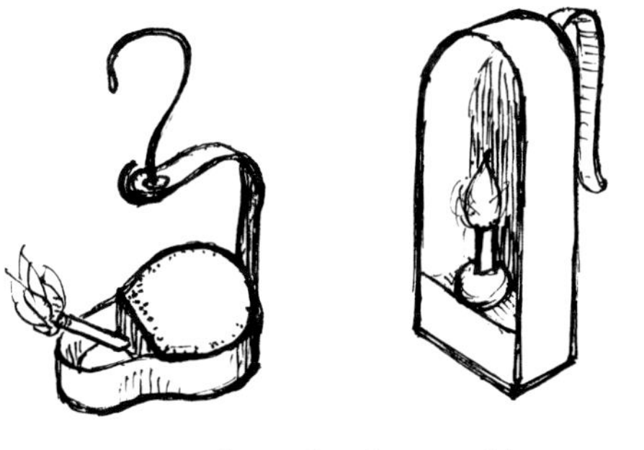

Bergmännisches Geleucht: Froschlampe – Blende

Arbeitsschritte beim Schnitzen der Figur:
- *Aufzeichnen und Ausschneiden der Seitenansicht*
- *Ausschneiden der Umrisse in Vorderansicht. Zurücksetzen des Holzes für das rechte Bein – desgleichen von der rechten Seite aus für das linke Bein.*
- *Schräganschneiden der Körperkanten, um den rechteckigen Querschnitt der Körperglieder den organischen Formen anzugleichen. In Schulterhöhe muß eine ebene Fläche erhalten bleiben, an die der Arm sauber angesetzt werden kann.*
- *Die anzusetzenden Teile werden grob vorgeschnitzt und an den Rumpf angeleimt.*
- *Im letzten Arbeitsgang, vor dem Bemalen, wird im Zuge des feingliedrigen Beschnitzens der ganzen Figur an der Ansatzstelle der Arme das bislang noch Grobe sauber verschnitzt.*

Das Schnitzen aus dem Langholzstück verlangt wegen der Bruchsicherheit, daß beide Füße des Schreitenden großflächig auf dem Boden stehen. Für die Figur wird der Rumpf mit dem Kopf und den unteren Gliedmaßen auf der Bodenfläche aus einem Stück gearbeitet. Arme und Werkzeuge bzw. Instrumente können angesetzt werden.

Arbeitsablauf

Das Schnitzen geschieht in folgenden Arbeitsschritten:

Man zeichnet mit Hilfe der Schablone die Umrisse in der Seitenansicht auf das Langholzstück, das für 8 bis 10 cm große Figuren 2 mal 3 cm im Querschnitt mißt.

TIP

Das Holzstück beläßt man bis zum Ende der Schnitzarbeit etwas länger, damit es sich sicher in der Hand halten bzw. in der Hobelbank festspannen läßt.

Nach dem Riß auf den beiden Seitenflächen wird das überstehende Holz mit dem Messer abgetragen. Wenn das Holz auf der Hobelbank befestigt wurde, lassen sich die Späne auch leicht mit dem Balleisen bis zur Umrißlinie abheben.

Auf der linken Brettseite ist hinter dem Umriß des linken Beines – zwischen dem Bergleder und der Bodenfläche – die Holzschicht etwa um die halbe Brettstärke zurückzusetzen. Aus der stehengebliebenen Schicht wird das rechte Bein geschnitzt. Nach dem Wenden des Werkstückes setzt man für das vorgestellte linke Bein von rechts die Holzschicht um die Hälfte zurück. Mit der Schablone werden die Stellen gekennzeichnet, an denen zwischen beiden Beinen das Holz durchbrochen wird. Mit dem Bohrer wird vorgearbeitet, mit dem Messer und schmalen Eisen werden die Umrisse der Beine sauber nachgearbeitet.

Die Arme werden für jeden Figurentyp aus flachem Holz zunächst grob vorgeschnitzt und in Schulterhöhe an den Rumpf angeleimt.

Von der Vorderansicht aus läßt sich die Breite des Kopfes und der Kopfbedeckung einzeichnen. Über den Schultern wird daraufhin beidseitig das Holz bis zum Riß zurückgeschnitten.

Bei allen Körpergliedern, die bis jetzt im Querschnitt noch rechteckig sind, werden die Kanten schräg angeschnitten. Bei den Füßen beginnend, ist darauf zu achten, daß bei den Kniebügeln das Holz nicht hinterschnitten wird. Die Oberschenkel sind organisch an den Rumpf zu fügen; dabei darf unter dem Bergleder kein Hohlraum entstehen.

Von den Oberarmen aus schneidet man im flachen Winkel den Querschnitt des Oberkörpers zu, immer den Gesamtausdruck der Arm-, Kopf- und Schulterhaltung beachtend.

Für den Kopf und die Hände sind nun die Teilformen jeweils mit wenigen großflächigen Schnitten herauszuarbeiten (vgl. Seite 72).

TIP

Die zugehörigen Geräte oder Instrumente werden geschnitzt und an die Figur passend zunächst lose angesetzt, aber erst nach dem Bemalen angeleimt, weil mögliche Leimstellen am Holz keine Farbe annehmen.

Die Figuren des Aufzugs sind farbig am schönsten. Hinweise für die Farbgestaltung finden Sie im folgenden Abschnitt und technische Kniffe zum Oberflächenschutz der Figuren finden Sie auf den Seiten 123 ff.

Aufzugstracht bergmännischer Berufe im Sachsen des 19. Jahrhunderts

Die Trachten der bergmännischen Ränge und Berufszweige, die das Sozialgefüge des Bergbaubetriebes kennzeichnen, wurden durch Trachtenordnungen geregelt. In der Grundausstattung sind die Aufzugstrachten seit dem 18. Jahrhundert gleich, lediglich zwischen den Revieren mit kleinen Farbabweichungen und Zeichen unterschieden.

Steiger
Weiße Gamaschenhose; schwarze Kniebügel; schwarzes Bergleder; schwarzer Rock mit breitem Ärmelaufschlag und drei Reihen goldener Knöpfe; weißer Kragen in Schulterbreite mit goldener Borte; schwarzer Halsbund mit goldener Borte; grüner Filzhut, goldene Borte, oben als Mäander, vorn schwarzgoldene Bandrosette; gelbschwarzer Federbusch links; kleines Steigerhäckchen, rechts getragen, Säbel links.

Häuer.
Figuren aus dem Bergaufzug von Richard Hauck, Museum für bergmännische Volkskunst Schneeberg. Linde, bemalt, Höhe 8 cm, um 1940.
Siehe hierzu auch Abbildungen auf den Seiten 52/53.

Häuer
Lange, weiße Hose; Kniebügel; Bergleder; Tscherpertasche, Bluse mit schulterbreitem Kragen und breiten Ärmelaufschlägen; schwarzes Halsbündchen; grüner Schachthut mit gelbschwarzer Bandrosette vorn; Bergbarte aus Messing, Holm schwarz.

Bergmusikkapelle
Lange, weiße Hose; Gürtel mit Bergleder; schwarzer Rock mit silbernen »Schwalbennestern«, darunter roter Kittel; weißer Kragen; grüner Schachthut mit silbernen Borten, gelbschwarzer Bandrosette und rotem Federbusch vorn.

Bergschmied
Weiße Hose; Kniebügel; weißer Rock mit rotbraunen Ärmelaufschlägen, rotbraunem Halsbund; breiter schwarzer Kragen; schwarze Lederschürze; schwarzer Berghut mit schwarzgelber Rosette.

Bergzimmerling
Weiße Hose; Kniebügel; Bergleder; schwarze Bluse mit breitem Kragen und Halsbund; Tscherpertasche; grüner Schachthut mit schwarzgelber Rosette; in den Händen Winkel oder Zimmerlingsaxt.

Hüttenmann
Weite, weiße Hose; weißer Kittel mit rotem Halsbund; brauner Lederschurz; brauner Kragen; weiße lederne Gugel als Nackenschutz unter schwarzem Hut mit Schild und seitlich hochgeschlagener Krempe; vorn mit schwarzgelber Rosette; Schürhaken.

Blaufarbenwerker
Weite, weiße Hose; weißer Kittel; Schurz und Ärmelaufschlag hellblau (aus dem ursprünglichen Abfallprodukt Kobalt wurde der kostbare Farbstoff gewonnen); breiter, schwarzer Kragen; gefaltete Gugel als Nackenschutz unter schwarzem Berghut; langer Schürlöffel.

Berginvalide
Gelbbrauner Leinenkittel mit weitem Kragen; weite, braune Hose; Tscherpertasche und Bergleder; brauner Hut mit Krempe.

»Bergmusik«: Dirigent, Flötist, Trommler

»Bergfertige« (Invaliden)

Am Beispiel des Bergaufzuges konnten Erfahrungen gewonnen werden, wie man schreitende Figuren schnitzt. Wer seine Augen offenhält, wird in seiner Umwelt viele Motive finden, die ihn inspirieren, Figuren in schreitender Haltung zu schnitzen. Ob es die Familie beim Spaziergang oder der Festumzug bei einem Volks- oder Trachtenfest ist, der Arbeitsvorgang ist im Prinzip der gleiche wie zum Gestalten des Bergaufzuges.

4.4 Figuren, deren Körperbau vom »Idealtyp« abweicht

Proportionen und Ausdruck unterschiedlicher Körperbautypen: »Familientreff«

Bei einem Familienfest treffen sich Menschen verschiedener Gestalt. Außer den Unterschieden im Körperbau, die vom Lebensalter bedingt sind, wirken besonders die Gegensätze zwischen schlanken, großen Figuren und kleinen, übergewichtigen Personen innerhalb einer Gruppe.

Wer volkstümliche Figuren schnitzt, Szenen aus dem Alltag oder Erinnerungen an festliche Ereignisse gestaltet, wird beobachten müssen, auf welche Weise bestimmte Figuren in ihren Proportionen vom Idealtyp abweichen. Dürers Hinweis, »das Maß von vielen lebendigen Menschen abzunehmen«, will sicherlich nicht so wörtlich genommen werden, daß man das Maßband anlegt. Allzu auffälliges Beobachten wirkt allerdings peinlich. Es ist aber wohl möglich, sich durch stilles Betrachten Merkmale des Körperbaus einzuprägen, durch gedankliches Ordnen und Vergleichen bestimmte Typen des Körperbaus herauszufinden, die sich im Kopf verfestigen.

Bei diesem Vergleichen, Zuordnen und Einprägen leistet die Bildhaftigkeit der Sprache gute Dienste. Der »Volksmund« hat für bestimmte Gestalten drastische Bezeichnungen. Eine hochaufgeschossene Person »ist schlank wie eine Hopfenstange«. Einen Typ mit ausgesprochen dickem Bauch nennt man ein »Faß«. Der große und kräftige Mann wird als »Kofferschrank« bezeichnet.

Beim männlichen Körper mit breiten Schultern spricht man von der *Keilform*. Die fließenden Umrißlinien des betont fraulichen Körpers sind mit dem Ausdruck *Spindelform* beschrieben: Die Schultern fallen steiler als die des Mannes. Nach der Einschnürung an der Taille laden die Hüften etwas aus.

a *b*

Entwurfszeichnungen.
a Fischer mit dem größten Fisch, b Besserwisser
Beide Figuren sind für das Schnitzen aus dem massiven Block gedacht. Die Körperglieder liegen am Rumpf an.

Figuren, deren Körperbau vom »Idealtyp« abweicht.
Schaut man sich einmal um, wird man schnell feststellen, daß nur wenige Menschen ideale Körpermaße besitzen. Der Volksmund hat für die verschiedenen Abweichungen vom Idealmaß drastische Bezeichnungen, wie »Hopfenstange«, »Faß« oder »Kofferschrank« ...

Die Konturen schwingen leicht über die Ober- und Unterschenkel hin, ziehen zur Knöchelhöhe hin etwas ein und laden zur geöffneten Fußstellung wieder etwas aus. Dieser Linienverlauf ist dem Drechsler vom »Dockenengel« her bekannt.

Ideale Maßverhältnisse, die bei Kindern und Jugendlichen vielfach wirklich anzutreffen sind, wandeln sich mit dem zunehmenden Alter. Diesen Wandlungsprozeß zu beobachten und die gewonnenen Vorstellungen beim Gestalten umzusetzen, ist eine schöne Aufgabe des kreativ schaffenden Schnitzers.

Humorvolle Darstellungen aus dem Alltag dürfen die Grenzen des guten Geschmacks nicht überschreiten, wenn Gestalten mit Abweichungen von der »Idealfigur« im Spiele sind. Körperliche Gebrechen, wenn überhaupt, dürfen nur ernsthaft dargestellt werden, wenn dabei sensibel und taktvoll vorgegangen wird.

a b c d e f

Vom Idealtyp abweichende Körperformen bestimmen besondere Formen der Schnitzfiguren. So spricht man
a beim Mann mit breiten Schultern von der Keilform,
b bei der Frau mit schmalen Schultern und breiten Hüften von der Spindel.
c Eine große, schlanke Frau bespöttelt man gern als »Hopfenstange«, das männliche Gegenstück als »Bleistift«.
d Dagegen wird der Bierbauch zum »Faß« erklärt, auf den Ursprung der körperlichen Überfülle hinweisend.
e Die Form des ausgesprochen fülligen Unterkörpers einer Dame vergleicht man auch in Schriften, die zur Diät anhalten, mit einer Birne.
f Der breitschultrige, kräftige Mann wird als »Kofferschrank« charakterisiert.
Das Gestalten von Szenen aus dem Alltag lebt von den Formunterschieden der Figuren und deren Gegensätzen im Ausdruck. Dabei ist Takt geboten. Körperliche Gebrechen dürfen in geschnitzten Szenen nicht verspottet werden.

Die Skizze nach Beobachtungen bei einem Familientreff ist ein Beispiel, wie Erlebtes aufgezeichnet und für die Gestaltung von Schnitzfiguren umgesetzt werden kann. Der technische Vorgang des Schnitzens ist auf den vorausgegangenen Seiten beschrieben worden. Je nach der Art der Figuren kann man aus einem Stück schnitzen oder abweisende Körperglieder an den Rumpf setzen. Farbliche Gestaltung verleiht der Szene starke Lebensnähe. Die Skala der Ausdrucksmöglichkeiten beim Schnitzen läßt sich mit charakteristischen Figuren, die dem Leben abgelauscht sind, stark erweitern. Das trifft sowohl für Szenen aus dem unmittelbaren Erleben zu als auch für Überliefertes aus der biblischen Geschichte oder aus der Welt des Märchens und der Sage.

Beispiele geschnitzter Figuren unterschiedlicher Körperproportionen

Bilder von Schnitzarbeiten verschiedener Thematik und die vorstehenden Anregungen helfen, den Blick für die Vielfalt der Formen menschlicher Gestalt zu erweitern.

*Günter Vogel: Zaghafte Schwimmerin. Linde, bemalt, Höhe 29 cm, 1986.
Die Aussage der Figur charakterisiert den inneren Widerspruch einer Schwimmerin, die sich einerseits mutig zeigt, um mit Taucherbrille und Schnorchel ins Wasser zu gehen, die aber andererseits aus Furcht hinter ihrem Rücken auch einen Schwimmring versteckt hält.*

*Claus Leichsenring: Futtermeister M., Höhe 30 cm.
In dem geschnitzten Abbild des Futtermeisters eines landwirtschaftlichen Betriebes ist trotz der geringen Figurengröße das Porträt eines Mannes erfaßt, das – nicht beschönigend – dessen typische Züge und charakteristische Haltung wiedergibt.*

4.5 Krippenfiguren, sitzend und kniend

Die Stellung der Arme und Beine beim Sitzen und Knien

Wer eine Weihnachtskrippe schnitzt, steht vor der Aufgabe, neben stehenden Figuren auch sitzende wie z. B. die heilige Maria mit dem Kinde, anbetende oder Geschenke darbietende Könige oder kniende Hirten zu gestalten.

Bei der knienden Haltung verändert sich gegenüber dem Aufrechtstehen an den Hüft- und Kniegelenken ganz entschieden die Richtung der Beine. Mit dem Wissen vom Aufbau und von der Wirkungsweise des Knochengerüstes und der Gelenke läßt sich diese Haltung vereinfacht zeichnerisch darstellen. Dieses Funktionsschema kann als Orientierungshilfe für die Werkzeichnung und bei den Arbeitsschritten des Schnitzens der Figur dienen.

Kniender Hirte

Die Werkzeichnung des Knienden entsteht zunächst in der Seitenansicht. Die Maßverhältnisse werden von der stehenden Figur übertragen. Würde die Höhe der Figur in stehender Haltung 10 cm betragen, so betrüge die Länge des Ober- und des Unterschenkels je 2,5 cm, die Größe des nach vorn gebeugten Oberkörpers insgesamt 5 cm. Die Kopfhöhe für den Hirten kann 1,2 bis 1,5 cm betragen. Das gilt für das Maß vom Kinn bis zum Scheitel. Hut und eventuell Bart kommen dazu. Für die Arme, die die Hände zur anbetenden Haltung zusammenführen, die auch ruhig auf den Beinen aufliegen oder ein Tier als Geschenk darbieten können, leitet sich das Maß vom Schultergelenk bis zur Taille ab. Für die gewählte Figurengröße hat der Oberarm demnach eine ungefähre Länge von 1,8 cm, der Unterarm 1,6 cm und die Hand gestreckt etwa 1,4 cm.

Über das Gerüst zeichnet man die Körperglieder, und man ergänzt mit der Haar- und Barttracht.

Um den Hirten durch seine Kleidung zu kennzeichnen, kann ein langer Umhang über Jacke und Hose gezogen werden, dessen breiter Kragen über die Schultern fällt.

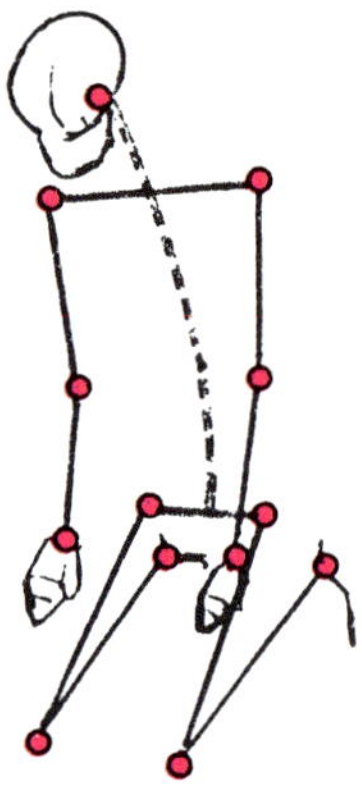

a

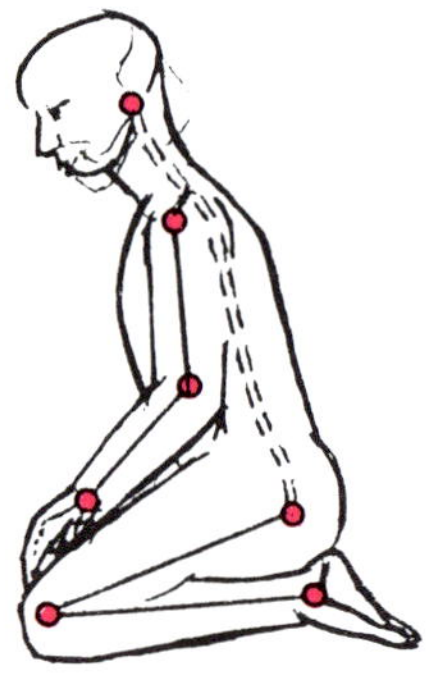

b

c

d

Figuren für eine Weihnachtskrippe: Kniender Hirte.
a Bei knienden Figuren erfolgt – wie bei Figuren in Schrittstellung – der gedankliche Aufbau über die Gelenkpunkte des Körpers.
b Über die Schemazeichnung in Seitenansicht sind die Körperumrisse gezeichnet.
c Die Kleidung über den Körper gezogen, ergibt die Werkzeichnung.
d Für die Vorderansicht werden die Höhenmaße von der Seitenansicht herüberprojiziert (Vgl. S. 84). Die eingezeichneten Körperkanten lassen die räumliche Struktur der Figur erkennen.

Für die Vorderansicht der Werkzeichnung projiziert man die Höhen der Schultern in die vordere Fläche des Rumpfes. Die Schulterbreite läßt sich aus der Zeichnung der stehenden Figur berechnen. Sie beträgt 3 cm. Für die Figur kann demzufolge Holz (eventuell Linde) von 3 cm Dicke verwendet werden. Alle übrigen Höhen in der Vorderansicht projiziert man aus der Seitenansicht: für den Kopf die Ansatzstelle für das Kinn und den Hut, die Höhe der Nase, der Augen und des Mundes. Von der senkrechten Mittellinie aus können dann die Umrisse des Gesichtes und des Hutes markiert und die Einzelheiten eingezeichnet werden. Auf ähnliche Weise wird die Stellung der Arme und der Hände und die Höhe der Knie ermittelt.

Arbeitsablauf

Auf das Längsholz im Querschnitt von 3 mal 4 cm wird nach der Werkzeichnung in Seitenansicht beidseitig der Umriß der knienden Figur aufgezeichnet.

Nach dem Zuschneiden der prismatischen Grobform werden die Umrisse fein herausgearbeitet. Dabei kann eine dünne Schicht über dem Riß stehenbleiben. Das überstehende Holz wird mit dem Balleisen abgetragen. Das Ausschneiden mit der Schweif- oder der Dekupiersäge ist ebenfalls möglich. Soll beim Beschnitzen das Werkstück in der Hobelbank festgehalten werden, dann ist das Vierkantholz nach unten hin so lang zu belassen, daß eine feste Spannfläche für die Zange der Werkbank erhalten bleibt.

Für den Fall, daß man das Werkstück mit einer Schraube von unten fassen und mittels einer Flügelmutter festspannen will (siehe Seite 118), kann vorher das Holzstück auf die endgültige Länge von 7,5 cm geschnitten werden.

Die weiteren Phasen des Schnitzens laufen so ab, wie es bei stehenden Figuren, deren Körperglieder in die Form eingebunden sind, schon beschrieben wurde (siehe Seite 33).

Linke Seite, unten rechts:
Kniender Hirte mit Lamm. Veränderte Beinstellung. Farbskizze in Vorder- und Seitenansicht.
Funktionsschema der Gelenkpunkte wie im Bild Seite 59 oben links.

Arbeitsschritte beim Schnitzen des Hirten, der ein Lamm als Geschenk überbringt:
- *Seitenansicht ausgeschnitten.*
- *Umrisse der Vorderansicht ausgearbeitet.*
- *Körperkanten großflächig schräg abgeschnitten.*
- *Figur feingliedrig beschnitzt.*

Nächster Schritt: Bemalen mit transparenten Wasserfarben nach den Vorgaben der Farbskizze.

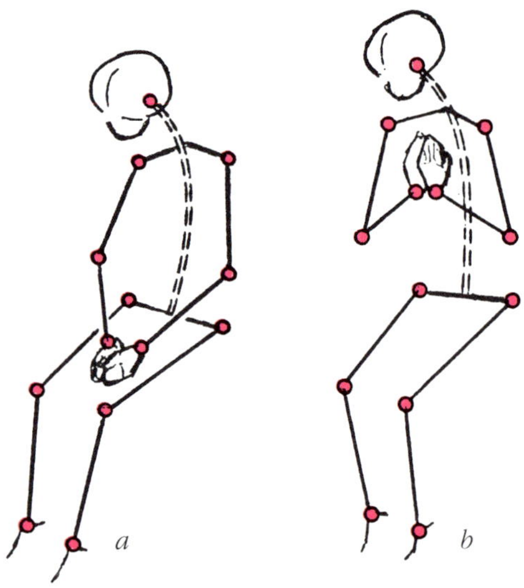

a b

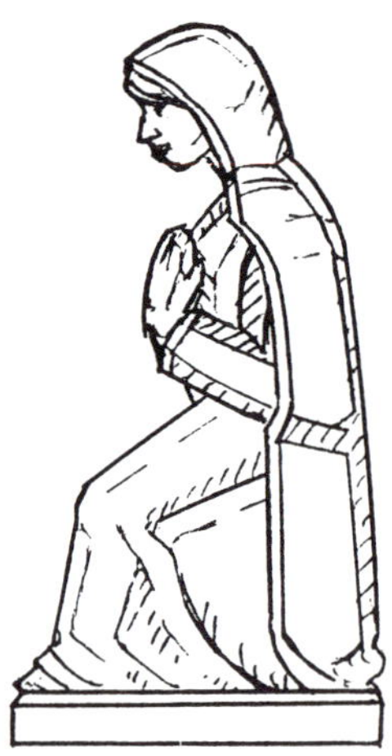

c

d

Sitzende Maria. Aufbau der Figur.
a und b Für eine sitzende Maria wurden die möglichen Haltungen von Armen und Händen in der schematischen Zeichnung erfaßt.
c Werkzeichnung in Seitenansicht.
d Die Farbgebung sieht einen himmelblauen Mantel mit einer Goldborte und ein sattrotes Kleid vor.

Sitzende Maria

Für die Gestaltung der Figur einer sitzenden Maria verläuft die Vorbereitung bis zur Werkzeichnung ähnlich wie beim knienden Hirten. Die möglichen Ausdruckswerte der Sitzhaltung sind vielfältig. Je nach dem Grad, wie die Beine angewinkelt sind und der Oberkörper angelehnt, gestreckt oder nach vorn gebeugt erscheint, drückt dies entspannte Behaglichkeit, aufmerksame Beobachtungshaltung oder tiefe Verinnerlichung aus. Die Funktionszeichnungen lassen das bereits erkennen. Die Entwurfszeichnung zeigt, wie Maria, die Hände anbetend an den Oberkörper führend, in stille Betrachtung des Christkindes versunken ist.

Die Arbeitsgänge beim Zeichnen und Schnitzen der Figur, bei der linke wie rechte Seite spiegelbildlich gleich sind, verlaufen wie vorausgehend beschrieben wurde.

Niederkniender König

Bei dem König, der im Niederknien seine Geschenke darbietet, ist die Beinhaltung nicht symmetrisch. Das eine Knie berührt den Boden, beim anderen Bein sind Fuß und Unterschenkel vorgestellt. Der Oberkörper ist etwas aufgerichtet. Die Arme, ein kostbares Geschenk haltend, sind an den Rumpf angelehnt. Das Schema des Bewegungsgerüstes läßt die Gelenkpunkte, wichtige Orientierungspunkte beim Herausarbeiten aus dem Holzblock, erkennen. Über dieses Gerüst denkt man sich das Volumen der Körperglieder und die Kleidung.

Die Werkzeichnung erfordert drei Ansichten. Die Maße entsprechen denen des Hirten. Vor dem Schnitzen zeichnet man zunächst die Seitenansicht nach rechts auf das Holzstück. Die Umrisse werden ausgeschnitten. Nun muß der linke Seitenriß aufgetragen werden, damit die Stellen markiert sind, wo für das linke Bein, dessen Knie den Boden berührt, das Holz herunterzuschneiden ist. Dabei ist zu beachten, daß der Mantel sich verbindend darüberlegt. Der rechte Unterarm führt innen am Oberschenkel vorbei. Beide Hände fassen das schön geformte Gefäß, dicht am Rumpf anliegend.

Für den Schnitzer, der sich diese räumlichen Beziehungen nicht eindeutig vorstellen kann, empfiehlt es sich, die Körperformen aus einer plastischen Masse im gleichen Maßstab aufzubauen. Eine Anleitung dazu finden Sie auf den Seiten 84 ff.

Beim Schnitzen helfen die Körperkanten, die beim Abschrägen des zunächst rechteckigen Querschnittes der Körperglieder entstehen, eine klare räumliche Ordnung zu schaffen. Die Maße des gezeichneten Funktionsmodelles, das die Lage der Gelenkpunkte angibt, lassen sich auf den Körper, der aus dem Holzblock herauszuschnitzen ist, übertragen. Damit kann vermieden werden, daß die Gestalt unproportioniert erscheint. Die klaren Formen der kantig geschnittenen Figuren sind für eine Bemalung gedacht, die den Charakter der aus Holz geschnitzten Form betont.

Wie bei allen bisherigen Übungen, so lassen sich auch die Kenntnisse und Erfahrungen beim Herstellen sitzender und kniender Figuren auf andere Themenbereiche übertragen. Ist der Blick für die Ausdruckswerte dieser Körperhaltungen erst einmal geschärft, so werden Sie bald überall Motive entdecken, die Sie zum Gestalten von sitzenden, knienden oder hockenden Figuren anregen – hingebungsvoll spielende Kinder, Lesende, Ruhende, sich Sonnende …

4.6 Figuren in räumlicher Drehung der Körperachsen

Kniender König, ein kostbares Gefäß in den Händen haltend.
a Die schematische Zeichnung läßt die Stellung von Beinen und Armen erkennen.
b Werkzeichnung in Seitenansicht von links.
c Vorderansicht.
d Seitenansicht von rechts.

Wirkungsweise der Körperglieder und Gelenke

Bei den knienden Hirten und der anbetenden Maria sind linke und rechte Seite spiegelbildlich gleich. Beim Schnitzen fällt die Orientierung über die Lage der Gelenkpunkte verhältnismäßig leicht, weil diese in der Seitenansicht genau hintereinander liegen. Diese symmetrische Haltung wirkt etwas starr. Bei Szenen aus dem Alltag oder bei geschichtlichen Ereignissen erhalten die Figuren einen lebendigen Ausdruck, wenn Teile des Körpers aus der strengen Symmetrie gelöst sind, die Körperachsen nicht mehr parallel zueinander stehen, sondern räumlich in unterschiedliche Richtungen verlaufen. So kann zum Beispiel die Achse der Schultergelenke gegenüber den Hüftgelenkpunkten sowohl in der Höhe als auch in räumlicher Richtung divergieren. Das Beispiel eines Jägers, der schreitend nach Beute ausschaut, läßt das deutlich werden. Schultern und Hüftgelenk liegen nicht in einer Ebene, sondern sie fügen sich in ein spiralig gewundenes Band ein. Die Richtung des Kopfes setzt die Drehung fort, Beine und Arme führen die angeklungene räumliche Bewegung weiter vom Körper weg.

Kniender König. Arbeitsschritte beim Schnitzen:
a Werkzeichnung übertragen.
b Körperumrisse in Seitenansicht ausgeschnitten.
c Grobform ausgearbeitet.
d Die feingliedrig beschnitzte Figur vor dem Auftrag der Farben.

Iwan Konstantinowitsch Stulow: Spähender Jäger. Linde, 1937.
Bei der Figur eines Jägers, der sich beim Gehen nach weiterer Beute umwendet, wird die unterschiedliche Richtung der Körperachsen und die spiralige Drehung im Raum deutlich sichtbar. Das (feststehende) meisterhafte Schnitzwerk erhält durch das Hin und Her der Augenbewegung beim Betrachten der Figur den Ausdruck spontaner Bewegung.

Ein Hirte, im Gehen sich umwendend

Wer seine Krippe mit Figuren der Hirten auf dem Felde erweitern will, wird sich mit dieser Körperhaltung auseinandersetzen müssen. Am Motiv des Hirten, der auf dem Felde von der himmlischen Erscheinung der Engel überrascht wird, soll der methodische Weg dargestellt werden, wie die Figur gedanklich aufgebaut werden kann:

Während des Gehens, von der plötzlich auftretenden lichten Erscheinung erschreckt, wendet der Hirte seinen Kopf seitwärts nach oben der unerklärlichen Lichterscheinung zu. Gegen die Bewegung des Gehens erfolgt die rasche Richtungsänderung des Oberkörpers einschließlich der Arme und des Kopfes. Symmetrische Figuren lassen sich in zwei Ansichten erfassen und auf den Holzblock übertragen. Es ist einfach, die richtigen Ansatzstellen für Arme und Beine zu finden. Bei der Figur des erschrocken nach oben schauenden Hirten lassen sich die Gelenkachsen, die sich wie in einer Schraubbewegung in den Raum drehen, nicht mehr in zwei Ansichten im Vierkantholz markieren. Die Gelenkpunkte liegen in unterschiedlicher Höhe, und die gedachten Achsen zwischen ihnen verlaufen schräg und im Holzblock in verschiedene Richtungen verdreht.

Die Ansatzpunkte von Armen und Beinen – Schultern und Hüftgelenke – liegen innerhalb des Holzblockes an Stellen, die sich mit einem *räumlichen* Modell darstellen lassen. Die Gelenkpunkte sind dann gedanklich in den Holzblock zu projizieren, und der Körperbau im Zusammenhang seiner Glieder bei der Drehbewegung muß ebenfalls in der Vorstellung deutlich ausgeprägt sein. Drauflosschneiden am Holz ohne gründliche Vorarbeit wird meist zum Mißerfolg führen.

Wenn Sie bisher beim Schnitzen gute Ergebnisse erzielt haben, weil Sie sich mit Hilfe der vereinfachten Darstellung des Knochengerüstes bei der Zuordnung von Armen und Beinen zum Ausdruck der Gesamtfigur sicher orientieren konnten, so führt Sie das auch hier weiter. Es müßte eine Lösung geben, die Bewegung der Körperglieder in einem räumlichen Funktionsmodell so nachzuvollziehen, daß auch die spiralige Drehung des Körpers mit der unterschiedlichen Lage der Gelenkpunkte erfaßt werden kann.

Auf Seite 86 finden Sie eine Anleitung zum Anfertigen eines stark vereinfachten, räumlich beweglichen Modells des Knochengerüsts, mit dem alle real möglichen Körperdrehungen demonstriert werden können. Sie brauchen dazu einige Reste von ummanteltem Leitungsdraht. Fertigen Sie dieses Modell in der Größe der geplanten Figuren. Drehen Sie die Körperglieder (aus Draht) so in den Raum, wie Sie sich die Haltung des erschrockenen Hirten, eventuell am eigenen Körper beobachtet, vorstellen.

Nach den Maßen der Skelettfigur, zu denen man die räumliche Ausdehnung der Körperteile hinzuzählen muß, läßt sich die Größe des Holzstückes errechnen. Mit Hilfe dieses Modells wird es leichter sein, die Figur in ihrem Formzusammenhang aus dem Holz herauszuschälen. Drehen Sie von Zeit zu Zeit das Holzstück und auch das Modell aus Draht. Dadurch verschaffen Sie sich einen Überblick vom räumlichen Zusammenspiel der Körperteile in den Richtungen, die den Ausdruck der schraubenförmigen Drehung des Körpers auslösen.

Arbeitsablauf

Das Schnitzen erfolgt in der gleichen Reihenfolge wie bei den symmetrischen Figuren. Allerdings muß bei der Anlage der Grobform die schraubenförmige Drehung des Rumpfes und die Stellung von Beinen und Armen, die stark in den Raum greifen, vor dem Herausarbeiten aus dem Block berücksichtigt werden.

Die Figur läßt sich beim Abtragen des Holzes nicht mehr mit einer Hand halten. Das Einspannen des Holzstückes in die Hobelbank, noch besser das Fassen in einer Spannvorrichtung, die schnelles Drehen der entstehenden Figur ermöglicht, wird erforderlich, wenn die Arbeit erleichtert und ständig der Überblick über den Formzusammenhang ermöglicht werden soll. Für die groben Vorarbeiten beim Abtragen der äußeren Holzschichten verwendet man zweckmäßig kräftige Bildhauereisen. Die Feinarbeiten zur Ausbildung der Körperformen, zur Gestaltung des Ausdrucks von Gesicht und Händen sind ähnlich wie bei den bisherigen Figuren. Lediglich der Gesamtausdruck muß dabei von allen Seiten beachtet werden, was durch das Drehen der Figur und den Vergleich mit dem einfachen Modell möglich wird.

4.7 »Bewegte« Figuren: Handwerker in Arbeitshaltung

Bewegung durch mechanische Kraftübertragung: Arbeitende in Bergwerksmodellen

Seidem sich geschnitzte Kleinfiguren in der Geschichte nachweisen lassen, werden Tätigkeiten des Menschen, die zu seinem Leben gehören, nachgebildet. Geschnitzte Szenen ermöglichen Einblicke in die Kulturgeschichte des Menschen. Die meisten menschlichen Tätigkeiten sind mit Bewegungen von Gliedmaßen verbunden.

Im Gegensatz zum lebendigen Menschen, der mit seinen Gliedmaßen ständig Bewegungen ausführt – er arbeitet, tanzt, führt sportliche Bewegungen aus –, ist die aus Holz geschnitzte Figur feststehend, die Bewegung ist »eingefroren«. Die Körperglieder bleiben so im Formgefüge, wie sie während des Schnitzens in die Figur eingeordnet wurden. Geschnitzten Figuren »Leben einzuhauchen«, die Körper der Turner oder Handwerker »richtige« Bewegungen ausführen zu lassen, forderte die Schnitzer zu allen Zeiten heraus. Sie fanden vielle originelle Lösungen.

Eine besondere Art, den Figuren den Ausdruck von Bewegung zu verleihen, sie bestimmte Tätigkeiten ausführen zu lassen, finden wir in den mobilen Bergwerksmodellen. In »Buckelbergwerken«, Schaukästen, von Berginvaliden auf dem Rücken getragen, »drehen« die »Förderknechte« die Haspelwelle, bewegen die »Häuer« den Arm mit dem Schlägel nach oben und lassen ihn auf das Eisen niedersausen. In den »Bergen« der erzgebirgischen Bastler ziehen Holzarbeiter die Säge hin und her. Andere schlagen mit der Axt gegen den Baumstamm. Diese Bewegungen an den Figuren kommen durch einen Kurbelantrieb zustande, der über eine Exzenterwelle und drehbar ge-

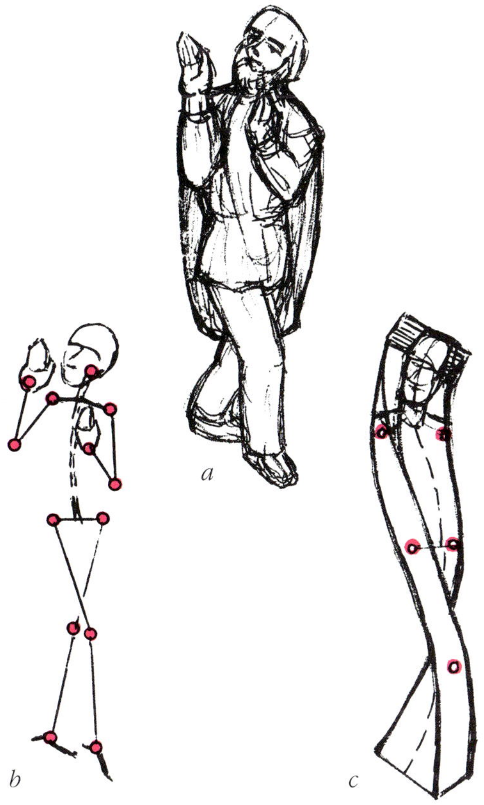

Spiralige Drehung des Körpers. Ein Hirte, der sich erschrocken umwendet.
a Ein Hirte auf dem Felde, der angerufen wird, wendet sich erschrocken um.
b Die Schemazeichnung der Bewegungshaltung läßt erkennen, daß die Hüftgelenke und die beiden Schultergelenke verschieden hoch liegen und die Achsen, die die Gelenke verbinden, räumlich in verschiedene Richtungen weisen.
c Diese räumliche Drehung der Körperglieder fügt sich in ein spiraliges Band ein.
Bei den meisten Bewegungshaltungen läßt sich die Lage der Gelenkpunkte nicht in zwei Ansichten erfassen, weil die Stellung der Gelenke in der Höhe unterschieden ist und ihre Achsen räumlich verdreht sind.

Rudolf Seidler: Lehrlinge in der Klempnerwerkstatt. Linde beschnitzt, Höhe 12 cm, 1963. Lehrgang für Schnitzmeister. Volkskunstschule Oederan.
In der Szene ist der Moment eingefangen, in dem der Lehrling zu einer Schlagbewegung ansetzt.
Die Wiedergabe von Bewegungshaltungen bei (feststehenden) geschnitzten Figuren erfordert das Wissen vom »fruchtbaren Moment«, der den Eindruck der Bewegung auslöst.

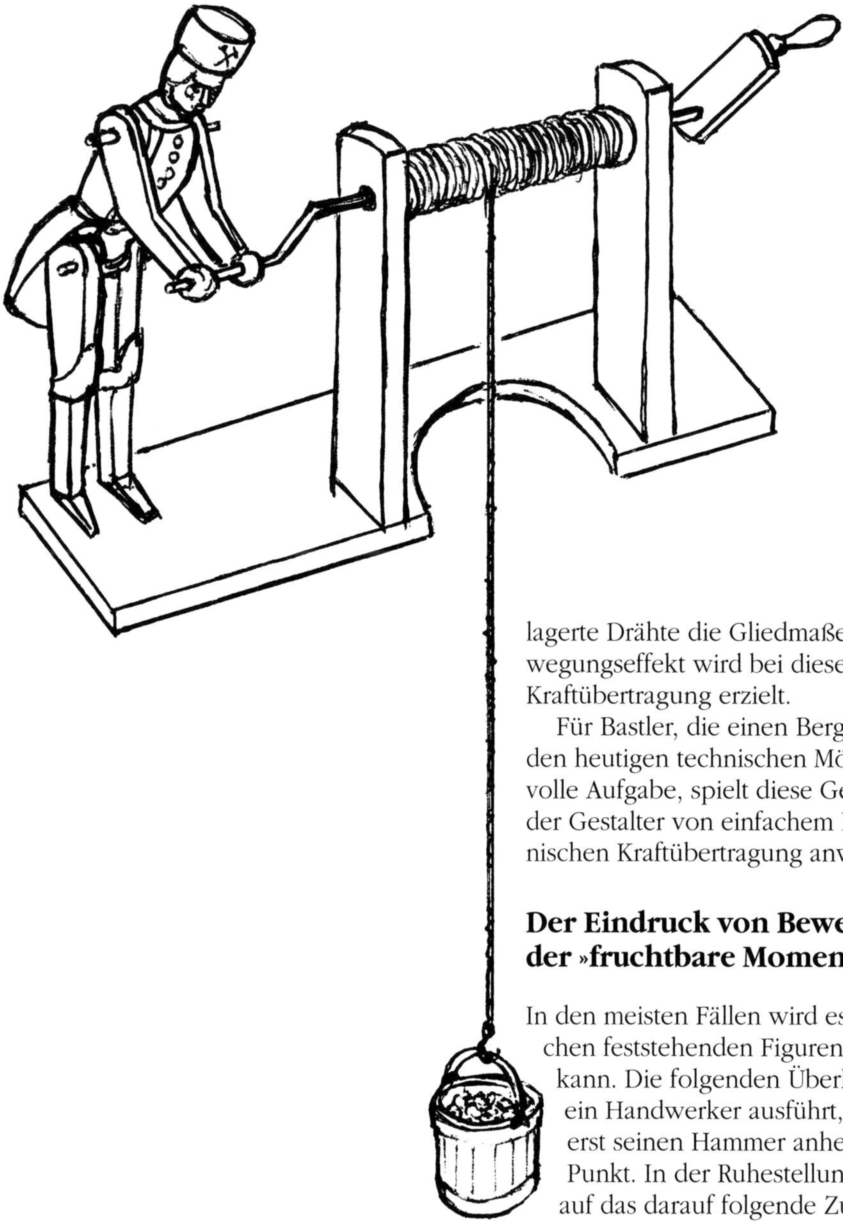

Bergmann am Haspel. Mechanisch durch Kurbelantrieb bewegte Figur.
In modellhaften Bergwerksnachbildungen führen geschnitzte Bergmannsfiguren, durch Kurbelwerk getrieben, Bewegungen aus wie die Arbeiter im Schacht. Beim »haspelnden« Bergmann ist der Rumpf durch eine Achse aus Draht beweglich mit den feststehenden Beinen verbunden. Die Arme, in Schulterhöhe auf eine Achse aufgesteckt, werden über den Kurbeltrieb so bewegt, daß die geschnitzte Figur die Arbeitsbewegung auszuführen scheint. Mechanisch bewegte Schnitzfiguren spielen bei elektrisch angetriebenen, eventuell sogar elektronisch gesteuerten Modellen eine Rolle.

lagerte Drähte die Gliedmaßen auf und ab oder hin und her bewegt. Der Bewegungseffekt wird bei diesen mobilen Schnitzereien durch mechanische Kraftübertragung erzielt.

Für Bastler, die einen Berg mit Szenen mobiler Figuren bauen wollen, bei den heutigen technischen Möglichkeiten mit Transistorsteuerung eine reizvolle Aufgabe, spielt diese Gestaltungsweise nach wie vor eine Rolle. Auch der Gestalter von einfachem Bewegungsspielzeug wird Formen der mechanischen Kraftübertragung anwenden.

Der Eindruck von Bewegung in der Arbeitshaltung: der »fruchtbare Moment« für den Ausdruck von Bewegung

In den meisten Fällen wird es den Schnitzer interessieren, wie bei den üblichen feststehenden Figuren der Eindruck des Bewegtseins erzeugt werden kann. Die folgenden Überlegungen helfen dabei: Die Arbeitshaltung, die ein Handwerker ausführt, läuft in mehreren Phasen ab. Ein Schmied muß erst seinen Hammer anheben. Die Bewegung erreicht einen oberen Punkt. In der Ruhestellung drückt der ganze Körper die Konzentration auf das darauf folgende Zuschlagen aus. Die Bewegung geht sofort in die zweite Phase über, der Arm führt den Hammer mit der nötigen Kraft auf das zu schmiedende Werkstück. Ist der untere Ruhepunkt erreicht, kündigt der Körperausdruck das erneute Anheben des Armes an. Bei der bildnerischen Darstellung einer Arbeitsbewegung ist man auf einen der beiden Ruhepunkte zwischen den Bewegungsphasen angewiesen. Greift man aus der Bewegungsphase einen beliebigen Punkt heraus, so wirkt dies, als sei der Arbeiter, wie der Koch im Märchen Dornröschen, mitten im Zuschlagen eingeschlafen; man spricht von »eingefrorener« Bewegung.

Nicht Bewegung läßt sich in der festen geschnitzten Figur ausdrücken, sondern die Körperhaltung, die die Absicht ablesen läßt, daß eine bestimmte Bewegung ausgeführt werden soll. Diese Übergangsphase zur eigentlichen Bewegung wird als *fruchtbarer Moment* für den Ausdruck von Bewegung bezeichnet.

Bei allen Schlagbewegungen, die mit einem Arm oder mit beiden Händen ausgeführt werden, ist im oberen Umschlagpunkt am einfachsten jene Körperhaltung zu finden, die die Bewegungsabsicht und -richtung andeutet. Für kleinfigurige Schnitzereien, bei denen die Arme an den Rumpf angesetzt werden, läßt sich diese Stellung auch leicht im Holz ausarbeiten, da bei den angesetzten Teilformen die Faserrichtung berücksichtigt werden kann. Wird

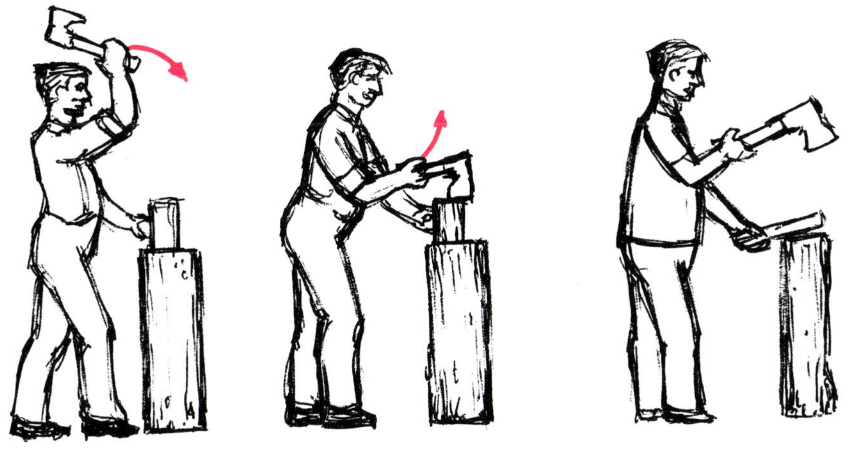

Bewegungshaltung an geschnitzten Figuren. Soll bei (feststehenden) geschnitzten Figuren der Eindruck entstehen, sie würden Bewegungen ausführen, so muß ein Moment erfaßt sein, bei dem die Körperhaltung den Beginn eines Bewegungsablaufes erkennen läßt (a und b).
Mitten aus dem Bewegungsablauf eine beliebige Stellung herausgegriffen, erscheint die Bewegung »eingefroren« (c).

eine plastische Form im Sinne der Skulptur angestrebt, so sucht und erprobt man am besten eine Haltung, bei der die Detailformen der Körperglieder und des erforderlichen Werkzeugs in die Maserung des Holzblockes bruchsicher eingebunden sind.

Körperbewegungen durch Verlagerung des Schwerpunktes: Schieben – Ziehen – Heben – Tragen

Das Aufrechtstehen und -gehen des Menschen ist möglich, weil seine Körpermasse im Gleichgewicht gehalten wird. Der (gedachte) Mittelpunkt seiner Körpermasse – der Schwerpunkt – liegt mitten über seiner Standfläche. Nur wenige Muskelkräfte sind nötig, in der aufrechten Stellung das Gleichgewicht zu halten. Wird das Schwergewicht nach der Seite verlagert, so kippt der Körper, von der Erdanziehung verursacht, nach dieser Seite um oder die dadurch ausgelöste Kraft überträgt sich auf den Gegenstand, gegen den die bewegte Körpermasse drückt.

An den Skizzen eines mit dem großen Hobel, der Rauhbank, arbeitenden Schreiners wird dies deutlich. Am hinteren Umschlagpunkt der Bewegung ist der Körper aufgerichtet. Der Schwerpunkt liegt mitten über der Standfläche beider Füße. Für den kraftaufwendigen Schub mit dem schweren Werkzeug verlagert der Handwerker sein Schwergewicht nach vorn, mit dem vorgestellten Bein die Kräfte abfedernd.

Arbeitsbewegung durch Verlagerung des Schwerpunktes.
Beim Schreiner, der mit der Rauhbank (dem langen Hobel) eine Fläche bearbeitet, drückt der nach vorn gebeugte Oberkörper die kraftvolle Arbeitsbewegung aus (a, b).
c und d Beim »Huntestößer« und beim »Karrenläufer« wird der Schwerpunkt des Körpers so nach vorn verlagert, daß durch die so entstehenden Kräfte die Karren vorwärts bewegt werden. Bei einer geschnitzten Figur wird durch die Wiedergabe dieser Körperhaltung der Eindruck der Bewegung ausgelöst.

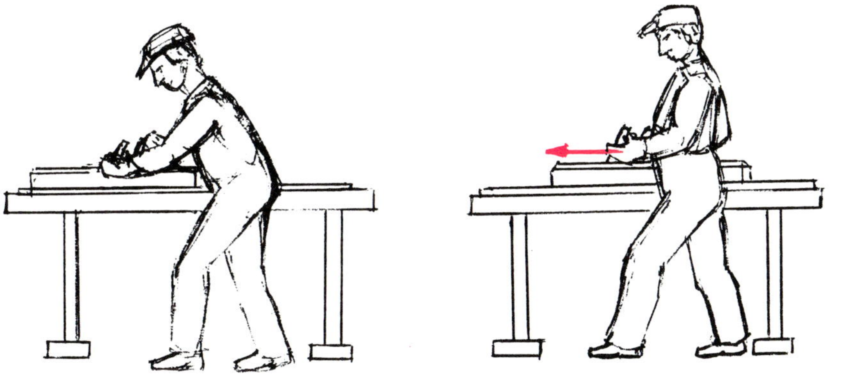

Wolfgang Blasius: Spielzeugmacher auf dem Weg zur Leipziger Messe. Detail von der Zöblitzer Pyramide, Gemeinschaftsarbeit 1978. Heimatstube Zöblitz.
Im vorigen Jahrhundert beförderten die Seiffener Spielzeughersteller ihre Waren mit dem »Schiebbock« von der böhmischen Grenze bis in die Messestadt Leipzig.
Das Beschwerliche dieses tagelangen Fußmarsches wird in einer Szene auf der Pyramide geschildert, die von den Schnitzern aus den Orten im Spielzeugland um Seiffen gemeinsam geschaffen wurde.

Wer Handwerker bei ihren Arbeitshandlungen schnitzen will, wird bei ihnen die Bewegungsphasen beobachten und diese eventuell am eigenen Körper nachvollziehen. Der fruchtbare Moment für die Bewegungsillusion, die das statische plastische Werk auslösen soll, ist herauszufinden und die Form vorauszudenken, in der der zu gestaltende Vorgang am besten aus dem Holz mit seinen richtungbestimmenden Eigenschaften herausgearbeitet werden kann.

Die Kräfte, die durch Schwerpunktverlagerung ausgelöst werden, wirken beim *Ziehen* und *Schieben* von Lasten auf rollender Unterlage. Der »Huntestößer«, Arbeiter im Bergwerk, der den schweren Erzkarren schieben muß, stemmt sein gesamtes Körpergewicht gegen den Hunt. Ein »Schiebböcker«, der seine Lasten auf der Schubkarre fortzubewegen hat, verlagert sein Schwergewicht um so weiter nach vorn, je größer die Schubkraft sein muß.

Ähnlich ist die Körperhaltung beim Ziehen von Handwagen. Dabei wird lediglich die Kraft über die nach hinten gestreckten Arme auf die Deichsel des Gefährtes übertragen.

Beim *Hochheben von Lasten* vom Boden aus kann das Gleichgewicht nur gehalten werden, wenn der Schwerpunkt des Körpers weit nach hinten verlagert wird.

Körperhaltung beim Tragen von Lasten.
a Bei der Wasserträgerin wird durch das Joch die Last beider Kübel gleichmäßig auf die Schultern verteilt.
b Beim Transport von Lasten auf dem Rücken muß der Oberkörper um so weiter nach vorn gebeugt werden, je größer die Last ist.
c Mütter, die ihr Kleinkind seitwärts auf der Hüfte tragen, beugen ihren Oberkörper nach der entgegengesetzten Seite.

Die Frauen in afrikanischen und südamerikanischen Ländern *tragen Lasten* auf dem Kopf. Der Schwerpunkt der Last liegt über dem Schwerpunkt des Körpers. Beim Schreiten werden beide Schwerpunkte über der Unterstützungsfläche der auftretenden Füße ausbalanciert.

Wasserträger führen mit dem Joch über den Schultern den Schwerpunkt der Last über den Körperschwerpunkt.

Vorwiegend in Gebirgsgegenden werden schwere Gegenstände auf dem Rücken transportiert, in der »Kraxe«, im »Buckelbrett«, im Tragkorb oder auch im Rucksack. Je größer die Last auf dem Rücken ist, um so weiter muß sich der Träger nach vorn beugen, um das Gleichgewicht zu halten.

Wenn Mütter das Kleinkind seitlich auf der Hüfte tragen, beugen sie den Oberkörper zum Gewichtsausgleich nach der entgegengesetzten Seite. Nicht so extrem erscheint der Richtungsausschlag des Oberkörpers, wenn das Baby auf den Armen quer im Steckbett oder das Kleinkind auf einem Arm sitzend vorn getragen wird. Die leichte Rückwärtsbeugung des Oberkörpers wird durch geringes Verschieben der Beckenpartie ausgeglichen.

Karl Hunger: Schwere Wurzelstubben. Linde, Höhe 18 cm, um 1955.
Die Körperhaltung des Arbeitenden bringt die große Kraftanstrengung zum Ausdruck, die erforderlich ist, um den schweren Wurzelstubben aus der Grube herauszuheben.

Karl Hunger: Probeguß. Linde, Höhe 28 cm, 1960. Museum für bergmännische Volkskunst Schneeberg.
Aus dem sicheren Stand mit gegrätschten Beinen ist das Schwergewicht des Oberkörpers so verlagert, daß Arme und Hände in der Lage sind, die Gießkelle langsam so zu drehen, um in ausreichendem Abstand vom Körper das glutflüssige Metall in die Form gießen zu können.

Blickführende Linien: Bewegungen bei Sport, Spiel und Tanz

Der Eindruck von Bewegung bei Sport und Spiel.
Die Bewegung, die das Auge ausführt, wenn der Blick an den Linien von Armen und Beinen entlanggleitet, läßt im Betrachter den Eindruck von Bewegung entstehen.

Bei weit ausladenden Bewegungen wird an geschnitzten Figuren der Eindruck des Bewegtseins im Auge des Betrachters erzeugt. Mit Methoden, die die Bewegungen der Augen beim Betrachten von Kunstwerken aufzeichnen, wurde festgestellt, daß das Auge die Formen der Gliedmaßen abtastet. An ruhigen, in sich geschlossenen Formen wird der Blick kurzzeitig gebunden. Bestimmte Teilformen führen den Blick an den Umrissen entlang, wie zum Beispiel die Arme, die Beine oder die Begrenzung der Kleidung. Bei einer Figur, die mit dem rechten Arm zum Schlag ausholt, mit der linken Hand den Gegenstand hält, zu dem hin der Schlag geführt wird, überbrückt das Auge, von vorausgegangenen Beobachtungen der realen Situation beeindruckt, die Strecke zwischen den beiden Umschlagpunkten.

Der *Eindruck von Bewegung* ist von den blickführenden Linien an der Figur über die Bewegung der Augen und die Erfahrung aus vorangegangenen Wahrnehmungen *im* Betrachter zustande gekommen. Die Skizze der beiden schlittenfahrenden Kinder soll das verdeutlichen. Nach einem ersten Erfassen der Gesamtsituation – zwei Kinder auf einem Schlitten – wird das Auge zunächst von der runden Form des Kopfes des großen Kindes angezogen. Der Rumpf der größeren Figur bindet dann kurze Zeit den Blick, bis die schlanken Formen des Armes das Auge nach hinten an das Ende des Schlittens führen. Dabei vollführt das Auge selbst eine rasche Bewegung, die über die dünnen Leisten des Schlittens wieder nach vorn geführt wird. Die schräg nach vorn gerichteten Beine lassen das Auge in die Richtung gleiten, die der Schlitten talwärts nimmt. Wer selbst je mit Vergnügen gerodelt ist, läßt, vom Schnitzwerk angeregt, angenehme Erinnerungen in das geschnitzte Abbild einer rasanten Talfahrt einfließen.

Was mit diesen, anscheinend nur theoretisierenden Überlegungen ausgesagt wird, läßt sich beim Vorbereiten und bei der Ausführung einer Schnitzarbeit dieser Thematik ganz unkompliziert mit praktischen Schritten lösen: Die Sitzhaltung wird an der Rodelbahn beobachtet. Durch Skizzen und eventuell ein plastisches Modell aus Tonwülsten (siehe Seite 87) kann die Wirkung der Formen im räumlichen Zusammenspiel erprobt werden. Das ist besonders dann erforderlich, wenn eine Gruppe mehrerer Rodler aus dem Block herausgearbeitet werden soll (siehe Bild Seite 67).

Die drei Jungen, die auf zwei zusammengebundenen Schlitten talwärts sausen, sind aus dem Block geschnitzt. Durch die Höhlungen entstehen die dünnen Formen der Schlittenleisten und Kufen, die im Gegensatz zu den massiven Körpern der Kinder stehen, die in flauschige, wärmende Kleidung gehüllt sind. Vom Arm des hinten Sitzenden, der den Bremsstock bedient, laufen die blickführenden Linien über die Arme und das angezogene Seil nach vorn und suggerieren die Vorstellung von der pfeilschnellen Fahrt.

Der Eindruck rasanter Bewegung käme nicht zustande, wenn eine Crew Bobfahrer im Schlitten sitzend geschnitzt würde. Die Umrißlinien der aerodynamischen Hülle des Gefährtes binden den Blick. Die Figuren sind eingebunden, sie sitzen wie in einem Nest. Die dynamische Wirkung stellt sich aber sofort ein, wenn die Anfangsphase der Fahrt gewählt wird, bei der die Athleten das Fahrzeug anschieben, wobei sie durch Gewichtsverlagerung nach vorn und die richtungweisenden Formen der Arme und Beine die Illusion von Bewegung auslösen.

Bei Motiven aus dem Wintersport besteht die Gefahr, daß beim Schnitzen aus Holz die Grenzen der Bruchfestigkeit überschritten werden. Eiskunstläufer, die zum Sprung ansetzen, sind kein geeignetes Thema für vollplastische Schnitzfiguren. Das Holz bricht an der Stelle des einen Schlittschuhs, der noch mit der Grundfläche verbunden ist, durch.

Skifahrer lassen sich in Haltungen mit ausladenden Formen von Armen und Skistöcken in den einfachen Techniken mit angesetzten Gliedern gestalten (siehe Bild Seite 93); wird aber eine kleinplastische Form aus dem Block angestrebt, so ist eine statische Form zu wählen, die ebenfalls Freude am

Wintersport ausdrückt. Das Beispiel eines Jungen, der seine Ski aufrecht an den Körper gedrückt trägt, steht dafür.

Für alle Themenbereiche, bei denen ausladende Formelemente die Bruchsicherheit der Schnitzfiguren gefährden, gilt der Grundsatz, die Gliedmaßen in Faserrichtung an den plastischen Formkern zu binden. Quer zur Faser laufende Formteile müssen verstärkt werden.

Beim »Boxkampf«, der von Jungen eines Schnitzzirkels urwüchsig gestaltet wurde, sind die Gliedmaßen aus schräg angeschnittenen Rundholzteilen zusammengesetzt. Die lapidare Aussage läßt einen feinen Humor über die ver-

Karl Hunger: Drei rodelnde Kinder. Linde, um 1960.
Um rasche Bewegungen beim Sport in geschnitzten Figuren wiederzugeben, muß man wissen, was man dem Holz zumuten darf.
Die drei mit Vergnügen rodelnden Jungen sind aus einem Block herausgeschnitzt. Die Köpfe sind so gestaffelt, daß die nach vorn gerichtete gespannte Aufmerksamkeit sichtbar wird.
Auch die Linien von Armen und Beinen führen den Blick in die Richtung der sausenden Talfahrt.

Boxkampf. Szene mit Figuren aus Rundstäben. Kinder-Schnitzzirkel Zschopau. Leiter: Walter Arnold.
Durch die kindgemäße Art, Figuren aus Rundstäben zusammenzufügen (vgl. S. 21f), kann auf Unwesentliches verzichtet werden.

Verbissen Boxende. Entwurfsskizze.
Soll das verbissene Agieren von zwei Boxenden aus einem Stück geschnitzt werden, dann sind Arme und Beine mit ihren blickführenden Formen ineinander zu verflechten. Die Augen bewegung läßt dann beim Betrachter diesen Eindruck entstehen.

Ulf Jochmann. »Rock-Gruppe«. Linde, bemalt. Höhe 12 cm. 1982 Jugend-Schnitzzirkel Neukirchen. Leiter: Claus Leichsenring.
Die bewegten Figuren in dieser szenischen Schnitzarbeit drücken den Charakter der Musik aus.

bissene Wut der fanatischen Kämpfer durchblicken. Sollte eine ebenso stark bewegte Szene von Boxern oder Ringern in Holz als Kleinplastik gestaltet werden, so müßten die Körper der Kämpfenden so zueinander in Beziehung gesetzt werden, daß sich durch die zuschlagenden, zufassenden und abwehrenden Arme die Figuren zu einer in sich verschlungenen Masse verbinden, mit Durchbrüchen, die vielfach den Holzblock höhlen. Die tändelnden Bewegungen der Beine, der Rhythmus der Armbewegungen, die Körperdrehung bei Angriff oder Abwehr, all die unterschiedlich in den Raum gerichteten Teilformen werden vom Auge wahrgenommen und insgesamt als Bewegung der Athleten gedeutet.

Das Eingehen auf die Ausdrucksmöglichkeit im Holz gilt auch für alle übrigen Themen der Freizeitbeschäftigung wie zum Beispiel Musik und Tanz.

Bei der »Rockgruppe«, von einem Jugendlichen geschnitzt, drücken die unterschiedlichen, aufeinander bezogenen Haltungen der Musizierenden – ebenfalls mit feinem Humor – die lärmende Bewegtheit der Szene aus.

Für die Gestaltung eines tanzenden Paares als Kleinskulptur gilt wieder, was zu den »Boxern« gesagt wurde. Die beiden Körper müssen sich möglichst an vielen Stellen »auf Tuchfühlung« berühren und sich als Ganzes, von allen Seiten Ablesbares in den Holzblock einfügen (siehe Bild Seite 39).

Bei der Darstellung von Bewegungshaltungen in Schnitzwerken ist der »fruchtbare Moment« zu finden, ein Umschlagpunkt zwischen zwei Bewegungsphasen, der den Beginn einer neuen Bewegung und deren Richtung andeutet. Die Verlagerung des Schwergewichtes der Körpermasse und blickführende Linien der Körperglieder beeinflussen die Wahrnehmung des Betrachters. Die erfolgenden Augenbewegungen beim Abtasten der Teilformen und Erfahrungen vorausgegangener Beobachtungen vereinigen sich zum Eindruck von Bewegung an der geschnitzten Figur. Die Formvorstellungen sind beim Gestalten mit dem in Einklang zu bringen, was das Holz in seinen ästhetischen und technologischen Eigenschaften zu leisten vermag.

4.8 Die Bildsprache geschnitzter Figuren

Die Aussage geschnitzter Figuren

Es liegt im Wesen des Menschen, daß man sich über dessen Inneres an äußeren Kennzeichen »ein Bild machen« kann. An vorderster Stelle als Ausdrucksträger steht das Antlitz. Ernst oder heiter, angespannt oder gelöst sein, Aufgeschlossenheit oder Abweisung zeigen, diese inneren Haltungen drücken sich vornehmlich in den Gesichtszügen aus. Bestimmte Eigenschaften, die sich wiederholt im Antlitz spiegeln, hinterlassen Spuren. Über die Physiognomie wird – besonders bei älteren Menschen – Wesenhaftes, werden verfestigte Eigenschaften des Menschen ausgedrückt.

Beim Figurenschnitzen besteht die Gefahr, daß man, von den Spuren im Antlitz beeindruckt, den Kopf mit kleinteiligen Schnittspuren überzieht. Die Figur »zerfällt« in Teile unterschiedlicher Wertigkeit, da die übrigen Körperteile nicht im gleichen Maße für den Gesamteindruck einbezogen wurden.

Außer dem Gesicht wirken die Gestik – die Sprache der Arme und der Hände – und die Körperhaltung als bedeutsame Ausdrucksträger. Im Gegensatz dazu wird oft die Kleidung zu vordergründig für die Kennzeichnung bestimmter Persönlichkeitsmerkmale gebraucht.

Vielfach geht man von den äußeren Merkmalen her an eine Figur heran, wenn sie durch eine bestimmte Tracht oder durch berufsbedingte Kleidung gekennzeichnet werden soll. Dabei wird beim schrittweisen Aufbau nicht vom organischen Zusammenhang des Körpers ausgegangen, sondern die Einzelteile der Trachtenzeichnung werden summarisch aneinandergereiht.

Für Krippenfiguren wurden Holzschnitte, Bibelillustrationen des 19. Jahrhunderts, als Vorlage zum Schnitzen verwendet. Vom akademischen Faltenwurf der Gewänder angeregt, schnitten ungeübte Schnitzer oft tiefe Kerben in die Oberfläche der Figuren. Sie zerstörten deren ganzheitlichen Ausdruck und damit auch den organischen Zusammenhang, den man ohnehin oft nicht aus der flächigen Darstellungsweise ins Räumlich-Körperhafte zu übertragen vermochte. Schnitzer mit Einfühlungsvermögen, die ihre Figuren nach eigenen Vorstellungen von innen her aufbauen, brachten dagegen Meisterleistungen volkstümlicher Krippenschnitzkunst zustande, wie Beispiele aus Oberammergau oder aus dem sächsischen Erzgebirge belegen. Es wurde mehrfach schon ausgesagt, daß der Aufbau des menschlichen Körpers und seines Ausdrucks, der von der Haltung der Gliedmaßen ausgeht, von der Beschaffenheit und der Funktion des Bewegungsapparates – vom Knochengerüst und den Gelenken – abhängt.

Heinz Müller: Ballwerfer. Linde, Höhe 32 cm, um 1970.
Emil Teubner: Alkoholiker. Linde, Höhe 30 cm, 1928.
Die plastische Bildsprache geschnitzter Figuren.
Geschnitzte Figuren besitzen ihre eigene Bildsprache. Stehende Figuren liest man von den Füßen her. Bei den zwei zu vergleichenden Figuren ist der Ausdruck sehr unterschiedlich. Beim Jugendlichen mit dem Ball entsteht der Eindruck beginnender Aktionen durch Füße und Ball. Der Oberkörper mit Kopf, Armen und Händen bestätigt dies.
Der unsicher dastehende Betrunkene fuchtelt mit dem rechten Arm ziellos durch die Luft; Kopf und linker Arm hängen – schwer vom Alkohol – willenlos nach unten. Die Gegensätze in den Aussagen der Glieder verdeutlichen die innere Zerrissenheit.

Eine Übung im Lesen der plastischen Bildsprache

Das Lesen der Bildsprache plastischer Werke – also auch der Schnitzfiguren – will erlernt sein. Das vergleichende Betrachten zweier Werke aus dem Schnitzgebiet des Erzgebirges nutzen Sie als eine Übung, sich den Gehalt plastischer Kunstwerke zu erschließen und daraus Rückschlüsse für das eigene Gestalten zu ziehen.

Ein rasches Überblicken der ersten Figur läßt erkennen: Ein Jugendlicher, der einen Ball mit beiden Händen seitwärts hält. Stehende Figuren werden von den Füßen her »gebaut«, demzufolge auch von der Basis her abgelesen. Der rechte Fuß ist nach einem leichten Ausfallschritt in die vordere rechte Ecke der Grundfläche gestellt, der linke bleibt hinten links. Beide Füße, die rechtwinklig ausgestellt sind, haften fest an der Grundfläche. Die gestreckten Beine führen im spitzen Dreieck zum Rumpf. Der aufgerichtete Oberkörper dreht sich nach links. Die Arme halten den Ball wurfbereit. Dabei senkt sich die rechte Schulter etwas ab. Der Kopf mit dem jugendlichen Antlitz und dem sportlich kurzgeschnittenen Haar richtet sich nach vorn, das Ziel für den Wurf suchend. Die leicht bogenförmigen Umrißlinien führen den Blick,

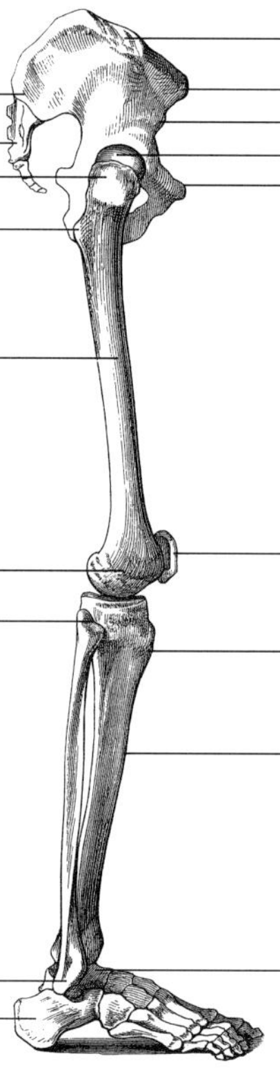

a Darmbeinkamm
b Vorderer oberer Darmbeinstachel } *des Hüftknochen*
c Vorderer unterer Darmbeinstachel
d Hinterer oberer Darmbeinstachel
e Schambein
f Kreuzbein
g Gelenkkopf } *des Oberschenkelknochens*
h Großer Rollhügel
i Kleiner Rollhügel
k Schaft
l Äußerer Knorren
m Köpfchen des Wadenbeins
n Kniescheibe
o Fersenbein
p Schienbeinhöcker
q Schienbeinkante
r Sprungbein
s Unteres Ende des Wadenbeins

Körperglieder als plastische Bausteine der Schnitzfigur.
Fuß – Bein – Hüftgelenk.
Bauweise und Funktion der unteren Gliedmaßen ermöglichen den unterschiedlichen Ausdruck im Stehen und Gehen. Die Füße sind die feste Unterlage für die aufrechte Haltung des Menschen und, in Verbindung mit Knochen, Gelenken und Muskeln der Unter- und Oberschenkel, Mechanismen, die den Körper vom Boden abheben zu kräftigen Schritten und weiten Sprüngen.
Beim figürlichen Schnitzen wirkt die Aussage dann überzeugend, wenn alle Bauelemente eindeutig dazu beitragen.

vom linken Fuß ausgehend, über die Wade aufwärts zum Ball. Dort wird die Augenbewegung zunächst durch die runde Form gebunden. Die parallelen Furchen der Finger verleiten das Auge, an den Umrissen der Arme entlangzufahren zum Kopf und von dort wieder dahin zurückzukehren, wo sich alle Richtungen kreuzen, zum Ball. Aus der Korrelation zwischen dem Kopf – »der Kommandozentrale« – und den Händen entsteht der Eindruck überlegener Kraft im fruchtbaren Moment: Ruhepunkt vor der urplötzlich und für den Torwart unberechenbar einsetzenden Aktion.

Die Wirkung der parallel laufenden Maserung des elastischen Eschenholzes ist wohlbedacht in die Gestaltung einbezogen.

Zum Vergleich die Figur von Emil Teubner (siehe auch Bild Seite 10). Diese Figur will vom rechten Fuß des unsicher Stehenden her abgelesen sein. Der Blick wird über die schlottrige Hose und die senkrechte Jackenfalte nach oben geführt und auf die gestikulierende Hand gelenkt. Der Arm stößt ziellos in die Luft. Der Kopf ist kraftlos nach unten gesackt, der linke Arm hängt willenlos schlaff herab. Das linke Bein, leicht im Knie angeknickt, tapst unsicher; es sucht dem Hinfallen instinktiv entgegenzuwirken.

Bei beiden Werken ist die Aussage der Gliedmaßen zur Kennzeichnung eines Menschenbildes genutzt. Im ersten berühren die Füße standsicher den Boden, die Beine führen den Blick spannungsvoll nach oben. Formspannung drückt sich in der gesamten Körperhaltung aus. Jugendliche Kraft und Sicherheit, von Fuß- und Beinstellung her als inhaltliches Motiv angedeutet, wird bis zu Kopfhaltung und Blickrichtung kompositorisch durchgestanden. In der Figur des »Alkoholikers« sind sich widersprechende Aussagen der Teilformen zur Kennzeichnung der Widersprüche im Persönlichkeitsbild des Dargestellten vereinigt. Selbst die aufstrebenden Formen wirken kraft- und ziellos. Die herabhängenden Formbestandteile, der linke Arm, selbst der Kopf, auch das linke Bein, das wie in den Rumpf eingehängt erscheint, lassen völlige Labilität ablesen. Das kraftprotzende Gehabe der rechten Körperhälfte und die vom Alkohol zerstörte Willenskraft – in den linken, labilen Körperformen sichtbar – sind Ausdruck der gespaltenen Persönlichkeit des Dargestellten.

Die Figur ist, weit entfernt von einer Karikatur, ein schnitztechnisches Meisterwerk und zugleich ein tiefempfundenes Zeitbild der zwanziger Jahre.

Die Bauteile der Schnitzfigur

Aussage durch Gliedmaßen und Gelenke

Am Beispiel des »Ballspielers« und des »Alkoholikers« wurde deutlich, daß die Aussage bestimmter Gliedmaßen bei der Figur letztlich ihren Sinn erst dann erhält, wenn sie durch den Zusammenhang mit den übrigen »Bauteilen« ablesbar wird. Im folgenden Abschnitt wird auf das Wirken der Bauglieder figürlicher Plastik näher eingegangen. Die Verwendung von Bezeichnungen aus der Architektur ist nicht unberechtigt, da beim Errichten von Gebäuden ebenso Formen sinnvoll aneinanderzufügen sind wie beim Gestalten von Figuren nach deren innerer Ordnung.

Die Funktion der Füße

Bei der aufrecht stehenden Figur bilden die Füße den Unterbau für die Säulen der Beine, die den Rumpf tragen. Der Fuß des Menschen hat sich für diese Funktion ausgebildet. Der Mittelfußknochen und das Fersenbein sind so gebildet, daß die Schwerkraft des Körpers sicher darauf lasten kann. Die aufstrebenden Kräfte in den tragenden Säulen können optisch verstärkt werden, wenn die Beine dicker in das Volumen des Stammes eingebunden werden und die Linien der Maserung die Richtung betonen. Ausladende Fersen – auch vom Schuhwerk überdeckt – tragen zum Eindruck kraftvollen Stehens bei. Beide Knöchel, der innere und der äußere, markieren den Übergang zwischen beiden Richtungen. Das Verhältnis der Füße zur Grundfläche gibt das Thema an, das von den oberen Gliedmaßen weiter ausgeführt wird. Die Wortsprache drückt aus, was die plastische Formsprache auszusagen weiß; sie verwendet Ausdrücke wie leichtfüßig oder schwerfällig sein, dahinschweben, trampeln oder fest am Boden kleben. Die Fußhaltung einer plastischen Figur kann jenen Moment erfassen, in dem das forsche Ausschreiten unmittelbar bevorsteht, oder in Verbindung mit der Haltung der Beine den Eindruck erwecken, daß die Figur fest und unverrückbar dasteht …

Bei der Figur des Erzaufträgers ist das Thema »Bergmann« anders behandelt als üblich. Eine Tätigkeit im Arbeitsablauf wurde zum gestalterischen Motiv: das Tragen einer mit schwerem Erz gefüllten Mulde. Der Körper des Tragenden wirkt – von den Füßen über die Beine, den Rumpf bis zum Kopf – wie eine Säule. Durch die über Kopfhöhe emporgerichteten Arme und Hände ist die Schulter auf beiden Seiten mit nach oben gezogen. Die dabei entstandenen V-förmigen Kannelüren in der Kutte leiten den Blick über die erhobenen Arme zu der kostbaren Last, die von den Handballen gestützt wird. Die Finger umschließen den Rand der Mulde.

Bei dem Mädchen, das ebenfalls etwas trägt, siegt die Last über die tragenden Gliedmaßen. Die Stellung von Füßen und Beinen läßt bereits erkennen, daß das Kind mit dem Gewicht, das es zu tragen hat, nicht fertig wird.

Rolf Rönnau: Mädchen, eine Tasche tragend. Rüster, Höhe 30 cm, 1964.
Tragen und Lasten sind – wie in der Baukunst – auch wirkende Elemente beim »Bauen« einer Schnitzfigur. Vom Gewicht der Tasche nach unten gezogen, hängen die Arme des Mädchens schwer in der Schulter, die von den tragenden Teilen der Beine und des Rumpfes gestützt wird.

Rolf Rönnau: Erzaufträger. Leuchterfigur, Höhe 42 cm.
Bergmännisches Standesbewußtsein drückt sich in der Figur des Erzaufträgers aus, der in der Erzmulde symbolisch das »Licht« trägt.

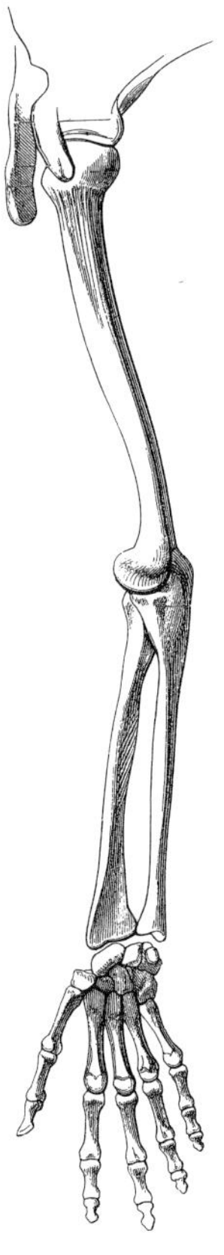

Rechter Arm von außen.
Die Zeichnung zeigt die Zusammensetzung des Kugelgelenkes an der Schulter, das komplizierte Gelenk am Ellbogen, das die Drehung des Unterarmes um die eigene Achse ermöglicht, und das Zusammenwirken der Bauteile an der Handwurzel und an den Fingergliedern.

Rechte Seite:
Rolf Kunze: Schlägelnder Bergmann. Detail aus einem durchbrochenen Relief. Linde, 1980.
Die Funktion der Gelenke wird bei der Arbeitshaltung des Bergmannes deutlich, der vor Ort mit Schlägel und Eisen das Erz ausschlägt. Besonders am rechten Arm, der zum Schlag ausholt, wird das Zusammenwirken der Gelenke von den Schultern bis zu den Scharnieren der Fingerglieder sichtbar.

Der Rücken, Schultern und Kopf werden nach unten gezogen. Beim Betrachten wird der Blick an den Begrenzungslinien der Arme zu der schweren Tasche hingelenkt, die sich mit einer flachen Dekorkante in das Bild der Maserung einfügt. Die runde Basis regt an, die Figur von allen Seiten zu betrachten.

Bei beiden Figuren wird die Aussage, die bei den Füßen anklingt, von den übrigen Bauteilen der plastischen Gestalt kompositorisch weiter- und zu Ende geführt.

Die Funktion der Gelenke

Was die Körperglieder einzeln aussagen, wird über die Gelenke weitervermittelt und zum Ganzen verbunden. Für das »Bauen« einer Figur ist Grundwissen über die Bauform und die Wirkungsweise der Gelenke unerläßlich. Beim »Erzaufträger« tragen in starkem Maße die Hände zum Vermitteln der Aussage bei. Die Finger umfassen den Rand der schweren Erzmulde und schließen das Motiv des Tragens nach oben hin ab.

Die Fingerglieder sind *Scharniergelenke*. Das Scharnier ermöglicht das Umklappen von zwei festen Gliedern um die Gelenkachse. Die Hand des Menschen, das vollkommene bewegliche Organ, das in der Lage ist, Werkzeuge und Maschinen zu schaffen, Musikinstrumente zu bauen und diese meisterhaft zu spielen, ist eine Kombination von festen Gliedern und Gelenken.

Die Handwurzel, aus acht kleinen verbundenen Knochenteilen bestehend, überträgt den Bewegungsablauf (beispielsweise beim Klavierspielen) über die Mittelhand auf die Fingerglieder und auf die Glieder des Daumens, dessen erstes unmittelbar am Handgelenk ansetzt. Der Daumen hat eine Sonderstellung unter den Fingern. Er ist an der Handwurzel drehbar und kann dadurch seine Bewegung sowohl mit der der übrigen Fingerglieder gleich als auch nahezu ihnen entgegenrichten. Dadurch ist die Hand in der Lage, mit einer Art Klammergriff Gegenstände zu umfassen, Handwerkszeug wie Schreibgeräte ...

Die Sprache der Hände

Das Wunder »Hand« hat zu jeder Zeit die Bildschnitzer angeregt, sie als Übermittler der Bildsprache zu nutzen. Sie sollten in Museen oder »anhand« von Abbildungen oft die Gelegenheit nutzen, von den Meistern zu lernen.

Bei relativ kleinen Figuren können die Hände nicht so feingliedrig gestaltet werden, wie sie von Meistern wie Riemenschneider oder Stoß bei lebensgroßen Altarplastiken geschaffen wurden. Für die meisten Schnitzarbeiten wird es praktisch sein, die Glieder der Hände in eine geschlossene Form zu fügen, bei der kein Finger abbrechen kann.

Bei der Grobanlage beachten Sie bitte, daß die Hand nicht flach wie ein Brett aufliegt, sondern gewölbt, so daß von der Fähigkeit des Umklappens an den Scharniergelenken etwas sichtbar wird. Da die Finger vom längsten, dem Mittelfinger, nach außen hin kürzer werden, verlaufen auch die Verbindungslinien der Gelenke an den gleichen Fingergliedern nicht gerade, sondern gewölbt und in Ellipsenform. Eine Hand, die einen Gegenstand umfaßt, wie beispielsweise die des Bergmannes, die den Dübel der Lichtertülle umklammert, sollte auch als geschlossene Form angelegt werden, bei der die Finger bis an den Handballen herangeführt sind.

Bei größeren Figuren können die Finger durch leichtes Einkerben im jeweiligen Formverlauf gekennzeichnet werden. Für eine Figurengröße etwa unter 10 cm sollte die großformig angelegte Hand nicht durch gliedernde Einschnitte zerstrählt werden.

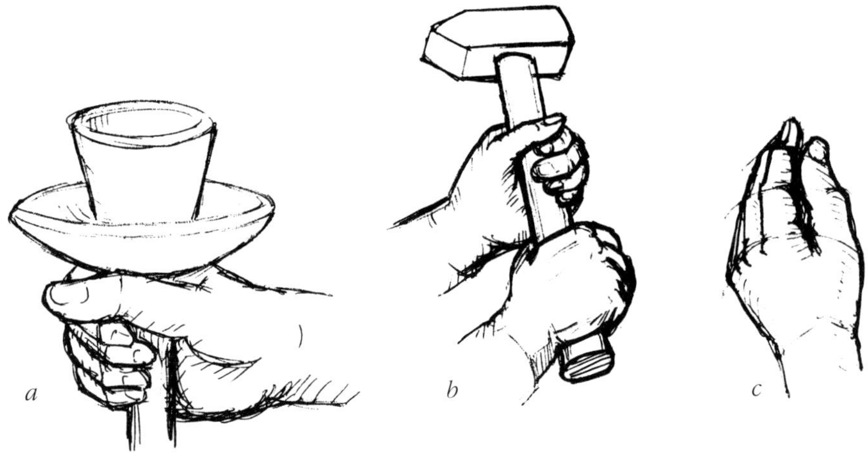

Die Hand – universell wirkendes Werkzeug des Menschen (a und b). Durch die Funktion der Gelenke ist es möglich, daß sich der Daumen den Greifbewegungen der vier Finger entgegenrichtet, wodurch ein Umklammern von Gegenständen ermöglicht wird.
c Der Daumen kann sich auch in die Richtung der übrigen Finger stellen. Das wird nötig beim Turnen am Reck (Ristgriff), beim Klettern und bei vielen anderen Tätigkeiten.

Aufgabe

- Studieren Sie die Bewegungsmöglichkeiten der Hand. »Bauen« Sie gedanklich bei der aufliegenden Hand die Teilformen. Beachten Sie, wie die Handwurzel zur Mittelhand überleitet. Deren gewölbte, aufsteigende Fläche kippt zum ersten Daumenglied hin steil ab. Während der Daumen flach aufliegt, erheben sich die Knöchel der Fingerglieder an der Mittelhand am höchsten über die Auflagefläche. Spreizen Sie die Finger, und fügen Sie diese wieder zusammen. Verbinden Sie die Gelenke der ersten, zweiten und dritten Fingerglieder mit einer Linie. Sie erhalten das Konstruktionsgerüst für den »Kuppelbau« der Hand.
- Formen Sie die Bestandteile aus Ton oder Knetmasse, und setzen Sie diese zu einem Modell der Hand zusammen.

Außer der aufliegenden Hand sollten Sie noch verschiedene Bewegungs- und Ausdrucksformen erproben: das Umfassen, das »Handaufhalten«, den erhobenen Zeigefinger, den Segensgestus, die Handhaltung bei verschiedenen Tätigkeiten.

Für jede Ihrer Schnitzarbeiten hilft das gedankliche Bauen auch der Handhaltung, die rechte Form und den rechten Ausdruck zu finden.

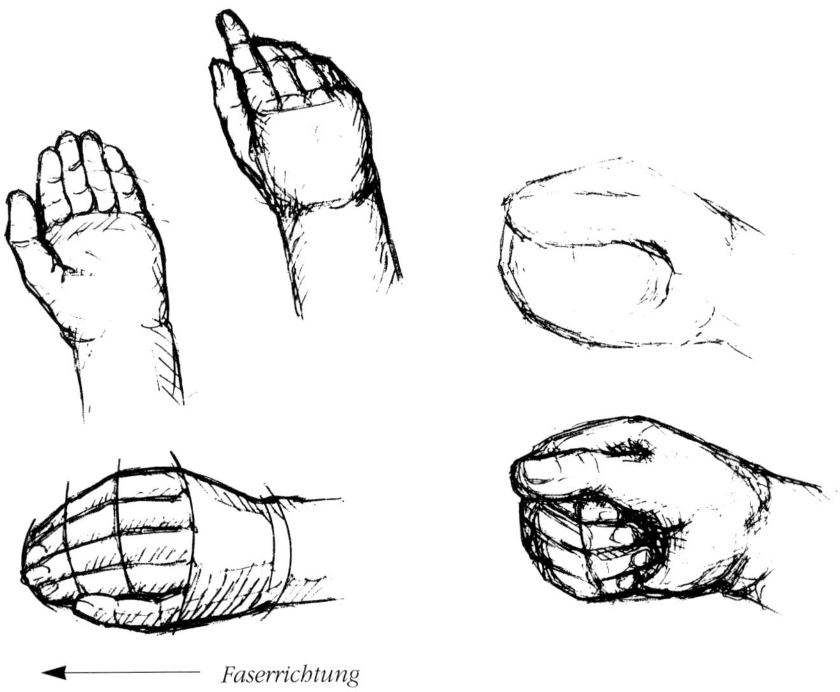

Schnitzen der Hände.
Außer der nützlichen Funktion als Werkzeug ist die Hand – wie das Antlitz des Menschen – starker Vermittler des Ausdrucks.
Beim Schnitzen der Hände ist das Streben nach Ausdruck einfühlsam mit der Struktur des Holzes zu verbinden. Wenn möglich, sind die Fingerglieder in Faserrichtung zu legen und so aneinanderzufügen, daß sie genügend bruchsicher sind. Bereits bei der Anlage ist auf eine geschlossene Form zu achten.
Die mittelalterlichen Meister schnitzten für die aufrecht stehenden Figuren die gegen die Faserrichtung stehenden Hände einzeln, mit den Fingern längs zur Faser, und dübelten sie in den Stamm ein.

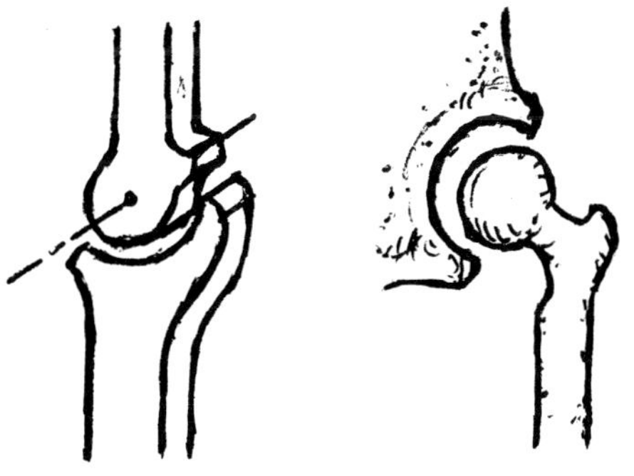

Funktion der Gelenke, schematisch. Scharniergelenk – Kugelgelenk.

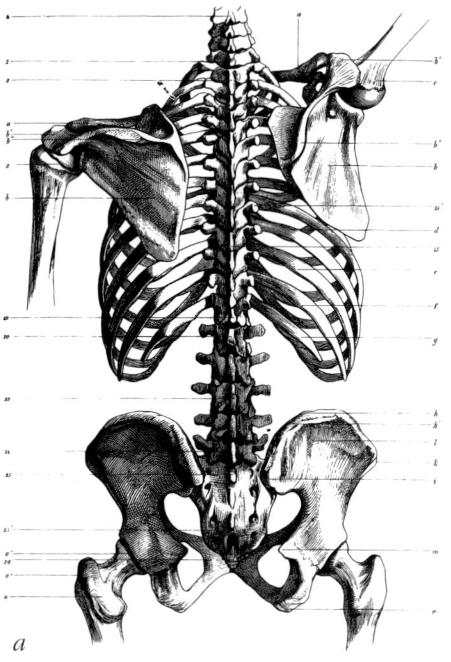

a

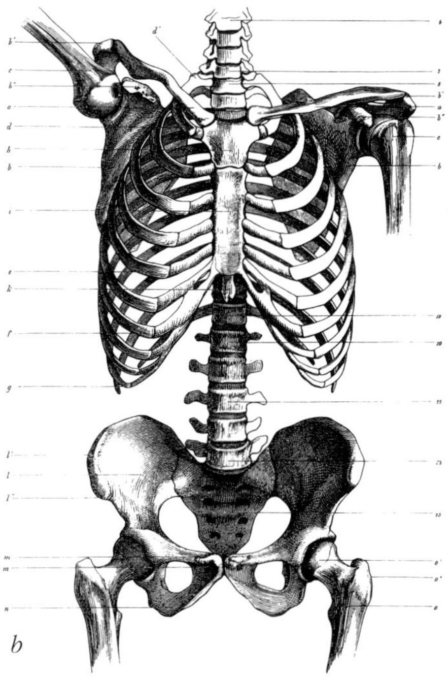

b

a Skelett des Rumpfes, Rückansicht. Der rechte Arm ist angehoben. Dabei wird das Schulterblatt mit dem Lager für die Gelenkkugel des Oberarmknochens mit nach oben geführt und nach außen verschoben.

b Skelett des Rumpfes, von vorn. Bei unterschiedlichen Körperhaltungen wird das Äußere der Figur durch die Lage von Becken und Brustkorb bestimmt. Die bewegliche Wirbelsäule ermöglicht das Seit- und Vorwärtsbeugen des Oberkörpers. Von Hüft- und Schultergelenken gehen die Bewegungen von Beinen und Armen aus. Beim Anheben des Armes verändert sich die Stellung des Schultergürtels.

Die Schultergelenke

Die Gelenke an der Schulter und am Ellbogen sind wichtige Markierungspunkte. Die bewegliche Verbindung zwischen Schulter und Oberarm ermöglicht ein *Kugelgelenk*. Es besteht aus einem Teil einer Kugel, die von einer Gelenkkapsel eingeschlossen ist. (Das Kugelgelenk des Fotostativs ist von den Mechanikern dem Gelenkmechanismus an der Schulter und der Hüfte des Menschen nachgebaut.)

Die Gelenkpfanne des Schultergelenks besteht aus hohlen, umhüllenden Teilen des Schulterblattes. Da das Schulterblatt im Schultergürtel von vorn beweglich mit dem Schlüsselbein verbunden ist, sind für den Oberarm außer den Bewegungen längs und seitwärts noch das Heben und Senken der Schulter mit dem Anheben und Kreisen des Armes kombiniert.

Aufgabe
Beobachten Sie im Spiegel, wie sich die gesamte Schulterpartie verändert, wenn der Arm angehoben und die Hand über oder hinter den Kopf geführt wird. Stellen Sie sich für diese Beobachtungen selbst eine Gestaltungsaufgabe, wie »Kämmende« oder »Korbträger«.

Die Kugelgelenke ermöglichen die größte Bewegungsfreiheit: an der Schulter zu Arbeitstätigkeiten und sportlichen Leistungen, an der Hüfte zur raschen Fortbewegung und zu Sitzhaltungen.

Der Ellbogen, die Gelenke der Handwurzel und der Fingerglieder

Am unteren Gelenkkopf des Oberarmknochens sind die Unterarmknochen Elle und Speiche beweglich verbunden. Die Speiche kann sich auf einer gewölbten Gelenkbahn drehen. Dadurch sind beim herabhängenden Arm noch die Handwurzel und die Hand um die Längsachse drehbar. Die Handfläche kann nach vorn, nach innen und auch nach hinten gedreht werden. Das ermöglicht auch beim erhobenen Arm Bewegungen wie den »Kammgriff« oder den »Ristgriff«. Beim ersteren zeigt die Innenhand zum Gesicht, die Finger können wie die Zähne des Kammes durchs Haar fahren. Beim Ristgriff umfassen die Finger nach vorn gerichtet von oben die Reckstange, der Daumen schließt von unten die Umklammerung.

Das Kniegelenk

Das Kniegelenk, die wichtigste Markierung für die unteren Gliedmaßen, läßt im Zusammenspiel mit dem Hüftgelenk und den kombinierten Gelenkverbindungen am Fuß die Bewegungen beim Gehen, Laufen, Springen und Klettern zu. Es ermöglicht außerdem Haltungen wie Sitzen, Hocken und Knien. Für den Ausdruck der Kopfhaltung sind die Gelenkverbindungen zwischen den oberen Gliedern der Halswirbelsäule und dem Schädel besonders zu beachten.

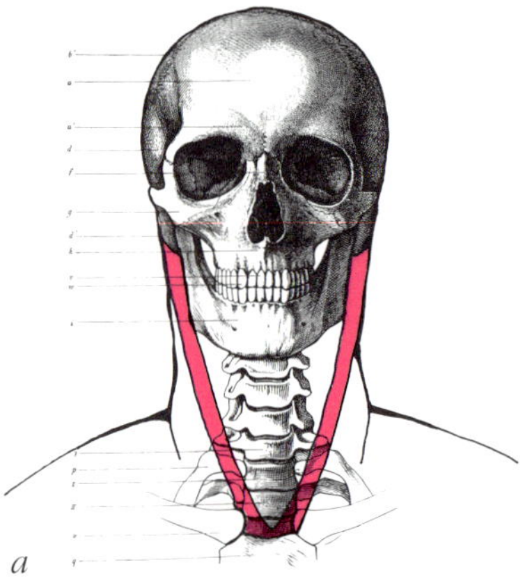

a

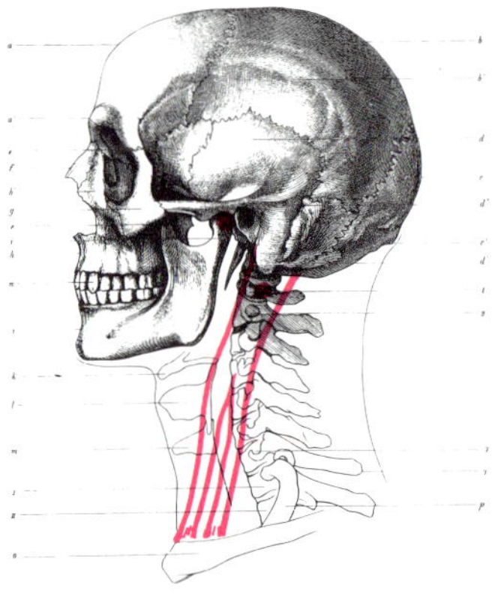

b

Kopf – Bauform und Bewegungsfunktion.
a Seitenansicht, b Vorderansicht
Die Zeichnung zeigt den Hirnschädel, der die Form eines quer liegenden Eies hat.
Der Gesichtsschädel wird von den Augenhöhlen, von Nasenbein und Nasenhöhle, Oberkiefer und Unterkiefer gebildet.
Der Unterkiefer ist für die Funktionen Kauen und Sprechen beweglich gelagert. Sein Gelenkfortsatz kann sich, von Muskeln und Bändern bewegt, so drehen, daß der Unterkiefer nach unten klappen und nach vorn und leicht seitwärts verschoben werden kann.
Der oberste Halswirbel – Atlas – ist Träger des Schädels und Gelenk für die Auf- und Abwärtsbewegung des Kopfes. Der zweite Halswirbel – Drehachsenwirbel – ermöglicht die Seitwärtsdrehung.
Der Kopfnickermuskel stellt die organische Verbindung zwischen Kopf, Hals und Rumpf her.

Die Beweglichkeit des Kopfes

Auf dem oberen Halswirbel, dem *Atlas*, ist der Kopf seitwärts drehbar. Das Kopfnicken – nach vorn beugen und aufrichten – und auch das »Kopf-schräg-Halten« sind Möglichkeiten zur Aussage innerer Haltungen und Emotionen. Sie kommen durch das Zusammenwirken von Gelenken, Muskeln und Bändern zwischen Kopf, Hals und Schultergürtel zustande.

Aufgabe
Beobachten Sie, wie der Kopfnickermuskel, der vom Schädel hinter dem Ohr nach vorn zur Halsgrube verläuft, bei Veränderung der Kopfhaltung den Übergang vom Rumpf zum Kopf markiert. Diese Verbindung der Teilformen ist wichtig, wenn Sie Kopf und Rumpf der Schnitzfigur im organischen Zusammenhang darstellen wollen.

Köpfe schnitzen

Das Gesicht des Menschen – Spiegel des Inneren

Eine Anleitung, Köpfe zu schnitzen, kann sich nicht darauf beschränken, technische Kniffe anzubieten. Das Gesicht des Menschen ist Träger des Ausdrucks innerer Regungen und Haltungen. Im Antlitz läßt sich alles, was von den Gliedmaßen über einen Menschen ausgesagt wird, potenziert ablesen. Die Problematik beim Schnitzen des Gesichtsausdruckes besteht darin, daß durch ein Überbetonen der Details die Einheit der plastischen Figur zerstört wird. Wenn jedoch, um die Gesichtsteile zu kennzeichnen, nur reliefhaft flach in das Volumen des Kopfes eingeschnitten wird, so läßt sich auch bei gemaserten Hölzern die gestalterische Einheit zwischen allen Teilformen der Figur wahren. Der Grad der Formvereinfachung hängt von der Figurengröße und dem Charakter des verwendeten Holzes ab.

Der knöcherne Unterbau – der Schädel und seine bewegliche Verbindung zum Oberkörper über die Halswirbelsäule – formt das Äußere wesentlich mit. Die Gesichtsmuskulatur, maßgeblich auch die Gesichtshaut, bilden die Oberfläche, die zu dem sensiblen Spiegel innerer Erregungen werden kann. Bart und Haartracht ergänzen die Physiognomie.

Bei der Darstellung des Knochengerüstes und des menschlichen Bewegungsapparates wurde darauf hingewiesen, wie durch die gekrümmte Wirbelsäule der Hals die Schultern mit dem Schädel verbindet. Der Atlas, oberster Halswirbel, trägt die Schädelkapsel und ermöglicht die Drehung des Kopfes.

Der Knochenschädel ist die feste Unterlage für das Äußere des Kopfes und insbesondere für den Gesichtsausdruck. Bart- und Haartracht wie auch die Kopfbedeckung werden über dem *Volumen des knöchernen Schädels angelegt.*

Rolf Kunze: Kopf eines lichttragenden Bergmannes. Birke, lasierend und mit Deckfarben bemalt, Goldbronze, Höhe 25 cm, Gesicht 2,5 cm, 1956.

Hals und Schultern

Bei der Anlage einer Figur ist die Form des Halses in geplanter Übereinstimmung mit den Proportionen und dem Ausdruck des Gesichtes zu beachten. Schlanker Hals und weich fallende Schultern; kraftvoll-männliche Haltung des Kopfes über athletischen Schultern: neben diesen Ausdrucksmöglichkeiten stehen weniger ideale, bei denen durch das Doppelkinn der Kopf übergangslos mit dem Rumpf verbunden zu sein scheint.

Das Profil

Die Individualität einer Person drückt sich besonders im Profil aus. Die Profillinie wird wesentlich vom knöchernen Schädel bestimmt. Dieser verändert sich im Entwicklungsverlauf vom Kleinkind zum Erwachsenen und nochmals bis zum Greisenalter stark. Ein Vergleich der Schädelformen verdeutlicht, daß Größe und Form der Stirn und deren Verhältnis zum Teil, das von der Augenlinie und dem Kinn begrenzt wird, Form und Richtung der Profillinie in den verschiedenen Altersstufen bestimmen. Dabei bestehen noch Unterschiede zwischen den Geschlechtern. Rassische und individuell vererbte Merkmale prägen sich ebenso im Profil aus wie die Spuren der Lebensweise und des Gesundheitszustandes.

Ein »verbindliches« Rezept, wie Köpfe zu schnitzen sind, verbietet sich. Wiederum ist das Leben der große Lehrmeister, und man ist gut beraten, wenn man sich immer nach charakteristischen Kopfformen für seine Schnitzfiguren umschaut. Das Einprägen von Gesichtszügen läßt sich erleichtern, wenn man nach bestimmten Ordnungsprinzipien vorgeht.

Im Profil läßt sich Alter und Geschlecht durch die Wölbung, die Höhe und die Richtung der Stirn und durch das Größenverhältnis des Gesichts und den Gesichtswinkel charakterisieren.

Beim *Kleinkind* ist die Wölbung der Stirnhöcker ausgeprägt. Die Stirn nimmt den großen Teil der Profillinie ein; Nase, Mund und Kinn dagegen sind relativ klein ausgebildet.

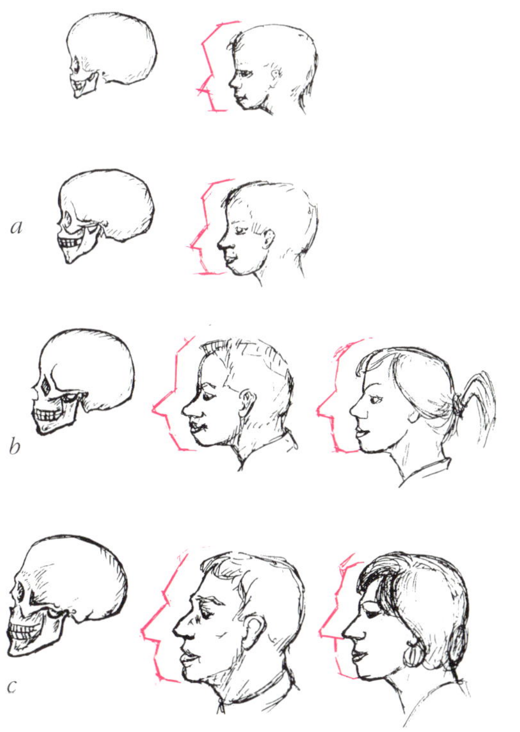

Altersentwicklung des Menschen und Veränderung der Kopfform.
Mit den roten Linien wurde formelhaft der Ausdruck der Profillinie erfaßt. Sie dienen als Hilfe für das Anlegen der Kopfform beim Schnitzen.
a Frühes Kindes- und Vorschulalter.
b Schul- und Jugendalter.
c Mann und Frau im mittleren Lebensalter.

Typische Kopfformen in Vorderansicht. Als ideale Grundform für den Frauenkopf wird das Ei angesehen. Innerhalb dessen Hülle lassen sich jugendliche Frische und Alter, Sinnenfreudigkeit oder auch tiefes Leid ausdrücken. Durch feines Differenzieren der Umrisse, der Form und der Richtung der Augen, der Nase und des Mundes wird die individuelle Aussage erfaßt (vgl. Bilder S. 80)

Beim mittleren und älteren *Schulkind* bilden sich die Stirnhöcker zurück, der Winkel der Stirn verändert sich. Nase und Mund werden größer und in der Form ausgeprägt, auch die Augen und Augenbrauen. Jungen und Mädchen lassen sich – in den meisten Fällen – durch die Haartracht unterscheiden. Während die Jungen meist kurzes Haar tragen, wodurch die Stirn frei sichtbar wird, lassen die Mädchen in der Mehrheit das Haar lang. Zopf, »Pferdeschwanz« oder auch lang über die Schultern fallendes Haar sind häufig. Oft wird beim Übergang zum Jugendalter die Stirn und auch das Auge von weich nach vorn fallenden Strähnen überdeckt.

Wenn durch die Kopfbedeckung, durch Haar und Bart Teile des Kopfes nicht sichtbar sind, muß das Volumen des Schädels als Unterbau beachtet werden (siehe Bild Seite 76). Die Masse an Holz für die außen aufgetragenen Formen der Haar- und Barttracht sind bei der Grobanlage der Figur zu berechnen. Der Übergang vom Kopf zum Rumpf ist durch die Kleidung so zu gestalten, daß für den Betrachter der anatomische Zusammenhang der Figur glaubhaft wird.

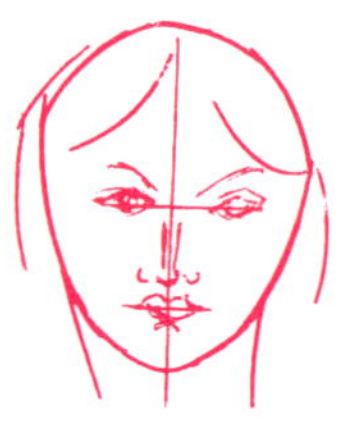

Erfassen des individuellen Gesichtsausdrucks. Für jede Figur die individuelle Gesichtsform zu erfassen bedarf einiger Übung. Als Hilfe kann das »Gesichtskreuz« dienen: Mit wenigen Linien wird in die entsprechend abgewandelte Umrißform die Lage der Teilformen eingezeichnet. Deren unterschiedliche Höhe auf der Mittellinie, die Breite und die von der Waagerechten abweichende Richtung lassen den typischen Ausdruck auf eine Merkformel *bringen, die beim Schnitzen die Anlage der plastischen Form erleichtert.*

Gesichtsausdruck in Vorderansicht

Für die Ansicht en face – die *Vorderansicht* – läßt sich durch das Einordnen der Kopfumrisse in Typen eine Art Formel finden, mit der die Vielfalt der Erscheinungen überschaubar wird und einzelne charakteristische Formen für das Gedächtnis gespeichert werden können.

Das *Ei* wird als Idealform für die Gestaltung des Kopfes angesehen. Es läßt sich universell anwenden, sowohl für Köpfe von Kindern als auch besonders für ideale Frauenköpfe, die Schönheit, Reinheit und Würde verkörpern. Man spricht vom Engelskopf, vom Madonnengesicht o. ä. Für einen männlich wirkenden Kopf wird die Grundform des Eies etwas differenziert, so daß die Schläfen gegenüber dem Wangenbein etwas eingezogen sind, das Kinn sich markant ausformt …

Der überzogen kraftvolle Typ wird als Quadratschädel bezeichnet. Den schlanken asketischen Typ können wir mit einem (stumpfen) Keil vergleichen.

Eine etwas füllige Abart ist die Birne. Die Partien des Schädels bilden den schlanken Teil der als Vergleich dienenden Frucht, der zum Stiel hinweist. Die fleischigen Wangen der übergewichtigen Person formen die ausladenden Partien. Der Hals, als Übergang zum Oberkörper, wird dabei durch das Doppelkinn gebildet.

Bereits durch den Kopfumriß können Charakter und Haltung der Schnitzfiguren zum Ausdruck kommen, die in den Körpergliedern schon anklingen.

Das »Gesichtskreuz«

Der weiteren Gliederung und dem Herausarbeiten des Gesichtsausdruckes dient das »Gesichtskreuz«. Höhe, Breite und Richtung der Augen, der Nase und des Mundes können mit wenigen Strichen innerhalb des Umrisses markiert werden.

Vom »Idealtyp« abweichende Gesichtsformen. Starke Individualität drückt sich in Gesichtsformen aus, die von idealen Formvorstellungen abweichen. Aus der Vielfalt der möglichen bieten sich einige zu einem formelhaften Vergleich an:
- *Der aufragende Gesichtsschnitt – ein »Keil«,*
- *»Quadratschädel«,*
- *»Birne«, ein Typ, bei dem die Kinnpartie fülliger erscheint als der Hirnschädel.*

Aufgabe
Probieren Sie zunächst nach dem eigenen Spiegelbild, wie Sie mit wenigen Strichen den Kopfumriß zeichnen und darin mit Hilfe des Gesichtskreuzes die Lage der Gesichtsteile mit wenigen Strichen charakterisieren können. Versuchen Sie, nach Abbildungen typische Köpfe auf diese formelhafte Weise zu erfassen, und führen Sie dies in Gedanken auch bei täglichen Begegnungen aus, wenn Ihre Freizeit es gestattet.

Arbeitsablauf

Wie geht man in der Praxis vor, einen Kopf zu schnitzen? Wenn die Vorstellung von dem zu schnitzenden Kopf als Werkzeichnung in Seiten- und Vorderansicht vorliegt, setzt man sie bei der Anlage in Holz in folgenden Schritten um:

Zuerst wird das Profil auf den Holzblock übertragen. Das überstehende Holz wird mit der Säge oder mit dem Schnitzeisen entfernt. Als zweites überträgt man die Vorderseite der Kopfzeichnung auf die vorderen Flächen des Profilschnittes. Von der Mittellinie ausgehend, wird die Breite der Nase in die entsprechende Höhe eingezeichnet. In gleicher Höhe sind beidseitig die Flächen für die Ohren aufzuzeichnen. Mund und Kinn sind in der Höhe schon durch die quer laufenden Kanten des Profilschnittes markiert, ebenfalls Augenwölbung, Augenbrauenwulst und Haaransatz. Den Höhenmarkierungen entsprechend sind die Breitenmaße zu übertragen, und danach kann der Kopfumriß aufgezeichnet werden. Die Linien verlaufen beidseitig vom Scheitel über die Schläfen und die Masse des Haarwuchses zu den Ohren

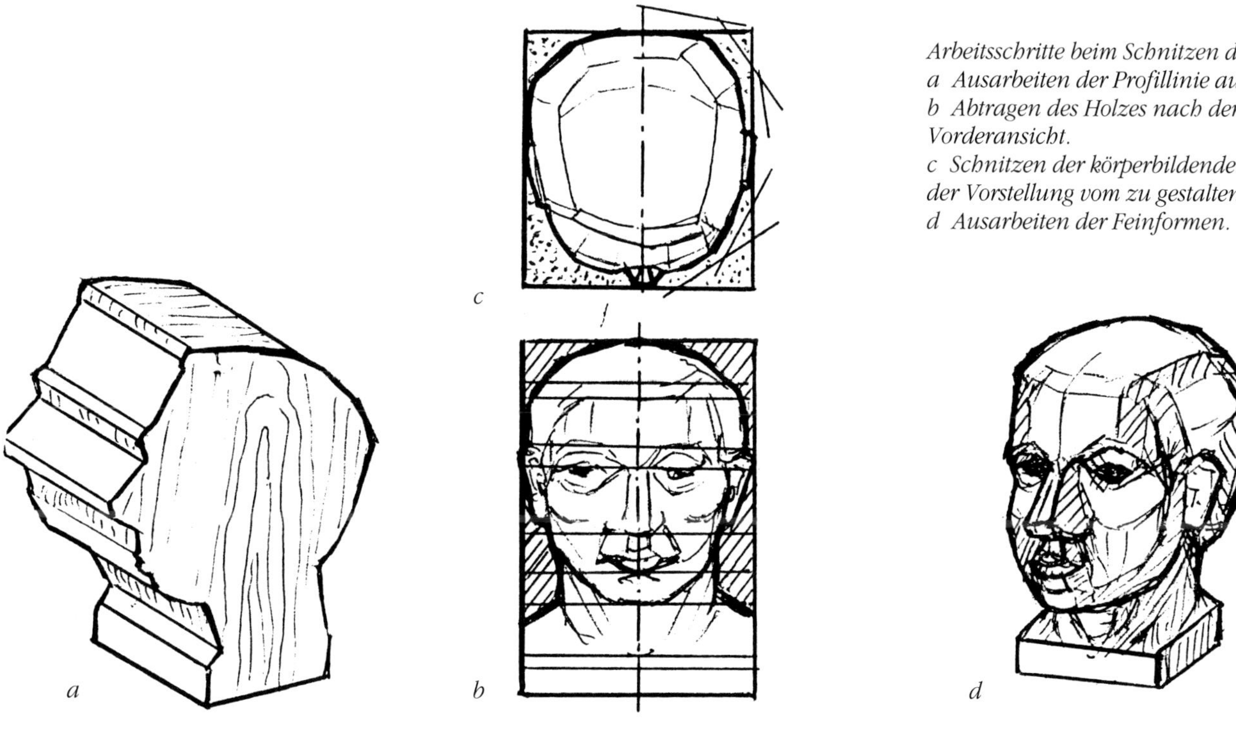

c

a *b* *d*

Arbeitsschritte beim Schnitzen des Kopfes.
a Ausarbeiten der Profillinie aus dem Block.
b Abtragen des Holzes nach der Zeichnung in Vorderansicht.
c Schnitzen der körperbildenden Kanten nach der Vorstellung vom zu gestaltenden Kopftyp.
d Ausarbeiten der Feinformen.

Claus Leichsenring: Wartende – Antlitz einer Greisin.

und über den Kinnwinkel zur Kinnunterkante. Der Halsansatz und der Übergang zu den Schultern lassen sich ebenfalls von den Kanten des Profilschnittes her ableiten.

Auf beiden Seiten wird das Holz von außen bis zum Umriß abgetragen (schraffierte Fläche).

In der dritten Arbeitsphase wird beidseitig mit schrägen Schnitten die Körperform von der Vorderansicht zur Seitenansicht übergeleitet. Diese raumbildenden Schrägen dürfen nicht mechanisch angesetzt werden, sondern in der Breite und im Schnittwinkel variiert, wie es der Ausdruck des beabsichtigten Kopftyps erfordert.

Die Nase ist vom Nasenrücken aus durch schräge Flächen mit der Augenwölbung, dem Wangenbein und den Wangen verbunden. Schläfen und Wangenbein führen ihrerseits in einem bestimmten Winkel nach hinten. Die Zeichnung des Kopfes von oben (Draufsicht) läßt erkennen, in welchem Winkel die verbindenden schrägen, leicht gewölbten Flächen verlaufen.

Wenn die Stirnflächen mit den Augenbrauenbogen in der großen Form gebildet sind, werden die Seitenflächen der Nase schräg nach hinten geschnitten. Zur Wölbung des Auges hin ist von der Nasenwurzel aus nur flach einzuschneiden, und um das Wangenbein herumführend, ist zum Ohr bzw. zum Haaransatz hin zu verbinden. Unter der Nase sind die Wölbungen von Oberlippe, Mund und Kinn herauszuarbeiten, indem mit schrägen Schnitten zur Wange und zum Kinn hin verbunden wird. Je nach Typ sind Mund und Kinn mehr oder weniger kantig oder weich gerundet zu schneiden.

Es ist zu empfehlen, vor oder während des Figurenschnitzens den geplanten Kopf an besonderen Stücken der gleichen Holzart und in der entsprechenden Größe probeweise zu schnitzen, evtl. mehrere Versuche zu unternehmen, bevor der Kopf an der Figur fertiggestellt wird. Die Bilder zeigen Köpfe an Figuren verschiedener Größe (Bilder Seite 64 bis 80).

Claus Leichsenring: Unschlüssiger Gesichtsausdruck eines Skeptikers.

Kurt Grund: Mei Enkele – Großmutter und Enkel im Vorschulalter.

5 Zielstrebig schnitzen lernen

5.1 Schnitzen lernen, wie anfangen?

Schnitzen ist erlernbar. Die Lernmethoden sind von den Voraussetzungen abhängig, die der Lernende mitbringt. Ein Lehrgang für Kinder unterscheidet sich in Stoff und Methode von einem Erwachsenenkurs. Lebenserfahrung, Erkenntnisstand, Berufswissen und Talent bestimmen den Einstieg für den, der sich im Alleingang die Fähigkeiten des Schnitzens aneignen will.

Schnitzstunde. Linde bemalt, 1964. Gemeinschaftsarbeit des Kinder-Schnitzzirkels Borstendorf/Erzgebirge. Leiter: Horst Schreiter. Die Figuren sind einzeln geschnitzt, die Arme, Werkstück und Werkzeug angesetzt. Werkbank, Tische und Stühle sind ebenfalls – wie im großen in der Tischlerwerkstatt – aus Teilen zusammengefügt. Die Figuren, die, in kleinere Gruppen geordnet, auf eine Grundfläche gestellt sind, wurden mit Wasserfarben bemalt; Arbeitstische und Stühle blieben in der natürlichen Farbe des Holzes. Von Kindern geschnitzte Figuren erfordern eine Bemalung mit kräftigen Farben, wenn sie nicht als Kleinskulptur aus stark gemasertem Holz gearbeitet sind. Der lebendige Ausdruck der spontan entstandenen Kinderarbeiten verblaßt, wenn das Holz der aus Teilen zusammengeleimten Figuren ohne Farbe bleibt.

Wer in traditionellen Schnitzgebieten in einer Schnitzgemeinschaft beginnt, wird dort Anregungen und Hilfe beim Auftreten von Schwierigkeiten erhalten. Bei jedem Beginnen hat es sich als hilfreich erwiesen, wenn keine isolierten Übungen den Tätigkeitsdrang des Lernenden hemmen, sondern am Beispiel einer sinnvollen, in sich abgeschlossenen Arbeit die nötige Unterweisung erfolgt. Das betrifft das Herrichten des Werkstückes, die Handhabung des Werkzeugs, die Anfertigung der Werkzeichnung oder eines plastischen Modells und besonders die rationelle Folge der Arbeitsschritte. Wenn der Zweck des Gegenstandes oder die beabsichtigte Aussage der Figur bekannt sind, kann man sich deren Form vorstellen, und mit zunehmender Übung lernt man, diese im Holzstück zu erkennen. Diese Eigenschaft, die Form im Holz zu sehen, muß vorrangig ausgebildet werden, wenn der Lernende kreativ schaffen will.

Mit einfachen Figuren beginnen

Die meisten Menschen haben die Voraussetzungen, das figürliche Schnitzen zu erlernen, wenn sie schrittweise vom Erfassen einfacher Formen (siehe Seite 30) zum Erleben und Erkennen komplizierterer Formverbindungen geführt werden. Das »Sehen« der Figur im Holz ist der Kern des Trainings. Es wird die Entwicklung der Form-*Vorstellung* vorrangig fördern und die handwerkli-chen Fertigkeiten zur Verwirklichung der Form im festen Werkstoff Holz ausbilden.

Zeichnerische Vorarbeit für das Figurenschnitzen.
Aufbauendes Zeichnen für den Entwurf.
Die Scheu mancher Schnitzer vor dem figürlichen Zeichnen läßt sich mit aufbauenden Übungen relativ schnell überwinden. Die zu zeichnende Figur baut sich folgerichtig aus der Vorstellung über die Lage der Körperglieder und Gelenke auf (1). Über die Gerüstzeichnung füllt man das Volumen der Körperglieder auf. Das kann mit kreisenden Linien geschehen, deren Flächen die fleischigen Körperglieder umschreiben (2)
Darüber wird die Kleidung gezeichnet (3). Mit Haar und Bart und eventuellen Gegenständen wird ergänzt (4).
Von der Seitenansicht lassen sich die Höhen der Teilformen auf die Vorderansicht herüberprojizieren.

Es empfiehlt sich, wenn Kinder – etwa von zehn Jahren an – mit dem Schnitzen beginnen wollen, einfache Spieldinge arbeiten zu lassen, die zunächst von einer Ansicht her zu erfassen sind, wie Schachfiguren oder Kegel (siehe Bild Seite 17).

Ein Erwachsener wird je nach seinen Wunschvorstellungen mit Figuren beginnen, bei denen in den Formkombinationen Rhythmus- und Proportionsempfinden angesprochen wird.

In der im Buch beschriebenen Aufgabenfolge wird auf methodische Hilfen verwiesen, die die Vorstellung von der Figur deutlicher ausprägen und damit die Stellen im Holz markieren, bis zu denen von außen weggeschnitzt werden muß.

5.2 Ideen finden

Dem kreativen Schnitzer mangelt es nie an Ideen. Das Schnitzen – für ihn mehr als nur ein Hobby – füllt seine Gedanken immerwährend aus, oftmals dann, wenn er sich von den Tagesmühen erholt und er sich scheinbar dem Nichtstun hingibt. Die Motive finden sich in seiner Umgebung.

TIP
Lassen Sie sich von allem, was Sie in Ihrer Umgebung schön und bemerkenswert finden, zum Gestalten anregen. Es gibt nichts, was interessanter wäre als der Mensch. Versuchen Sie, die Körperhaltung, die Gestik und Mimik der Menschen in verschiedenen Lebenssituationen als nach außen übertragene innere Regungen und Zustände zu verstehen. Wie alle Ausdruckskunst lebt auch das volkstümliche Figurenschnitzen vom Erleben und Erkennen der Ausdruckswerte des Menschen.

5.3 Ideen in Formvorstellungen umwandeln

Sie sind in der Lage, unabhängig von Vorlagen Figuren nach eigenen Ideen zu gestalten, wenn Sie die Fähigkeit ausbilden, erste, verschwommene Vorstellungen in ein deutlich ausgeprägtes Gesamtbild von der plastischen Form der Figur umzuwandeln. Es gibt eine Anzahl methodischer Verfahren, die bei allen Unterschieden der Veranlagung jeden, der sich darum bemüht, in die Lage versetzen, zeichnerische oder plastische Modellformen zu schaffen, nach denen die erdachte Figur geschnitzt werden kann.

Zeichnen als Vorarbeit

Zeichnen ist erlernbar.
Zeichnen trägt in allen Phasen des Gestaltens zum deutlichen Erfassen der plastischen Form bei. Bei einfachen Figuren, die in ein oder zwei Ansichten erfaßbar sind, reichen zeichnerische Studien aus, um die begrenzenden Flächen des Figurenkörpers deutlich zu markieren. Hobbyschnitzer, die sich einredeten, nicht zeichnen zu können, waren nach einer systematischen Übungsfolge in der Lage, Figuren selbst in komplizierten Haltungen aufzuzeichnen.

Zeichnen heißt, die Figur gedanklich aufzubauen.
Wenn Sie eine Figur gedanklich aufbauen wollen, muß es zum Grundsatz werden, das Äußere des Körpers vom Knochengerüst und dem gesamten Bewegungsapparat her zu bilden. Die zeichnerischen Fertigkeiten dazu lassen sich in einer Stufenfolge entwickeln:

- Prägen Sie sich die Kurzform des beweglichen Knochengerüstes ein.

Üben Sie einige charakteristische Körperhaltungen (siehe Seiten 41, 48 und

56ff). Achten Sie dabei auf die Maßverhältnisse. Entwickeln Sie Ihr Gefühl für Proportionen so weit, daß Sie typische Körperformen »aus dem Handgelenk heraus« mit Ihrer Gerüstzeichnung erfassen können.

- Zeichnen Sie über das gedachte Gerüst das Volumen der Gliedmaßen, bauen Sie den Körper aus elliptischen oder annähernd runden Formen zusammen. Formen Sie in flott hingeschriebenen Umkreisungen die Umrisse des Unterkörpers, der Brustpartie, fügen Sie mit flachen Ovalformen die Körperglieder an, zeichnen Sie so die Kopfgrundform, die Hände und Füße hinzu.
- Über diese schnell hingeworfenen Liniengebilde zeichnen Sie mit suchenden Strichen die Umrisse des Körpers im Zusammenhang.
- Üben Sie, neben diese »aufgebauten« Zeichnungen die Körperumrisse mit wenigen Strichen zu zeichnen. Wenn der Körper in seinem Gesamtausdruck stimmt, können Einzelheiten des Gesichts, der Hände und der Kleidung »darübergezogen« werden.
- Versuchen Sie, über das von innen her aufbauende Zeichnen verschiedene Menschentypen wie Waldgänger, Bauern, Handwerker, die Familie in sportlicher oder festlicher Kleidung zu erfassen.

Zeichnen Sie ständig, auch ohne Zeichenpapier!
Wie jedes Training zum Erfolg führt, wird auch nach einiger Übung das aufbauende Zeichnen immer flüssiger ablaufen. Gewöhnen Sie sich an, in Wartezeiten unterwegs sich die umgebenden Menschen anzuschauen. Erfassen Sie in Gedanken ihre typischen Formen. Zeichnen Sie ohne Zeichenpapier zur Vorstellungsbildung, und speichern Sie Bemerkenswertes ins Gedächtnis ein.

Die Werkzeichnung entsteht: Könige für eine Krippe

Mit dem erworbenen zeichnerischen Können sind Sie in der Lage, für Ihre Figuren die Werkzeichnung selbst zu fertigen. Am Beispiel von zwei Königen für eine Krippenszene soll das Vorgehen veranschaulicht werden.

Bei Themen aus der Historie, auch aus der biblischen Geschichte, ist es sinnvoll, sich über das Aussehen der Figuren an Bildbeispielen zu orientieren. Sowohl Handzeichnungen, Holzschnitte und Kupferstiche als auch plastische Werke wie die Altarschnitzereien sind Quellen, nach denen wir unsere Vorstellungen bilden können. Zwei Holzschnitte aus dem 15. Jahrhundert zeigen die Heiligen Drei Könige auf ihrem Zuge; einmal vor Herodes und zum anderen anbetend vor der heiligen Maria mit dem Kinde.

Umsetzen in Vorder- und Seitenansicht

Bauen Sie zuerst den König, der sein Geschenk darbietet, in schreitender Haltung zeichnerisch auf. In der Seitenansicht lassen sich die Proportionen und die Haltung des Kopfes und der Hände leicht erfassen. Füllen Sie das Gerüst mit dem Volumen der Körperteile auf, und zeichnen Sie die Umrisse des Körpers zunächst ohne die verwirrenden Einzelheiten der Kleidung. Denken Sie dabei daran, daß Sie die Figur in Schrittstellung aus dem Vierkant herausschnitzen wollen.

Als nächsten Schritt zeichnen Sie die Kleidung in vereinfachter Form über den Körper. Der »Königsmantel« mit dem Hermelinbesatz reicht bis zum Boden. Die Krone auf dem Haupt und das Geschenk in den Händen wandeln Sie nach eigenem Ermessen ab.

Für die Vorderansicht übertragen Sie die Höhenmaße von der Seitenansicht. Zeichnen Sie die senkrechte Mittellinie, und tragen Sie nach Ihrem Proportionsempfinden die Breite des Kopfes, der Schultern und die begrenzenden Flächen der Gliedmaßen nach beiden Seiten ein. Zeichnen Sie auch in der Vorderansicht zuerst den Körper und dann die Kleidung und die Details der Figur darüber.

Zwei Holzschnitte aus dem 15. Jahrhundert vermitteln die Vorstellung über das Aussehen der Könige beim Aufbau der Werkzeichnung für die Krippenfiguren (siehe Entwurf nächste Seite).

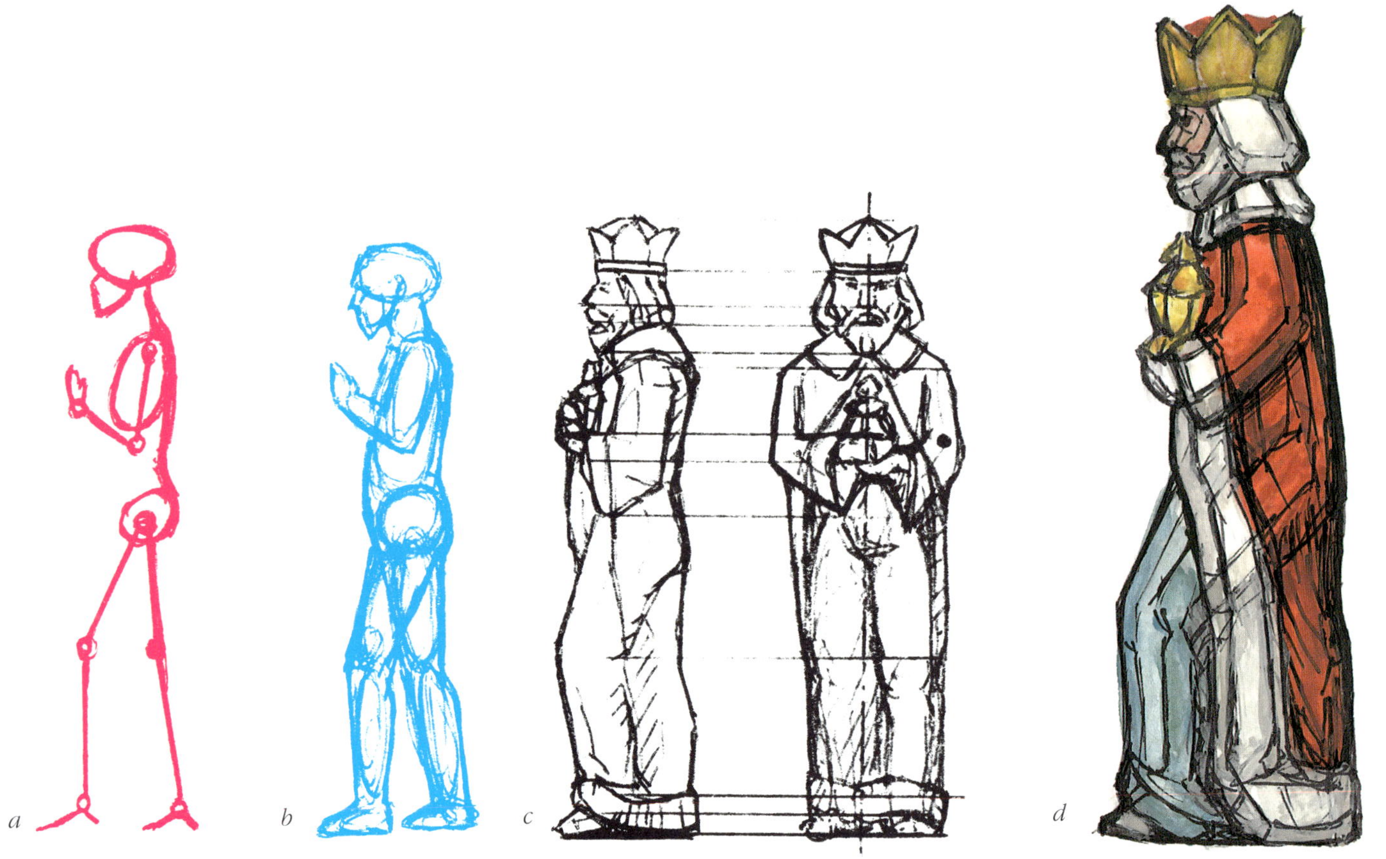

Aufbau der Werkzeichnung nach historischen Quellen
a und b König für eine Krippe
Schreitender König, Farbentwurf
c Für eine Krippenszene soll die Werkzeichnung der Figur eines Königs entstehen, der noch in leichter Schrittstellung dem Neugeborenen sein Geschenk überbringt.
Über das Gerüst zeichnen Sie die Figur. Die Kleidung – ein langes Untergewand, darüber ein langer Mantel und die Krone – wird über den Körper gezeichnet.
Die jeweilige Höhe der Teilformen von Körper und Gewand wird von der Seitenansicht in die Vorderansicht herübergezeichnet. Die Maße für die Breite werden frei aus der Vorstellung eingesetzt.
d Farbentwurf
Nach Bildern mittelalterlicher Maler entstand die Farbskizze für die Figur des Königs: Purpurrot der Mantel, weiß der Hermelinpelz, zölinblau das Untergewand, goldfarben die Krone und der Pokal.

Beim Erarbeiten einer Werkzeichnung für einen *knienden* König gehen Sie in gewohnter Weise vor. Zuerst werden die Gelenkmarkierungen für die Bewegungshaltung mit wenigen Strichen erfaßt (vgl. Seite 52). Über dieses Gerüst sind die Körperteile in entsprechenden Ausmaßen zu zeichnen.
Für die Kleidung läßt man sich von verschiedenen Bildern anregen. Das gilt auch für die Farbgestaltung.

Das Aussehen des Kopfes mit der Krone erfassen Sie, wie im Abschnitt »Köpfe schnitzen« beschrieben, in zwei Ansichten. Es erweist sich als vorteilhaft, wenn Sie sich vorher mit einigen Skizzen bemühen, für die Figur einen charakteristischen Gesichtsausdruck zu finden.

Plastische Modelle

Mit der Zeichnung, die an die Fläche gebunden ist, lassen sich Figuren in ihren Ausmaßen nur eindeutig erfassen, wenn sie sich in zwei oder drei Ansichten darstellen lassen, wie das beim technischen Zeichnen von einfachen Werkstücken möglich ist. Bei Figuren, deren Gliedmaßen von einer symmetrischen Haltung abweichen, weil sie sich räumlich drehen und sich dadurch die Gelenke in verschiedener Höhe befinden, ihre verbindenden Achsen räumlich in verschiedene Richtungen verlaufen, helfen nur *plastische* Modelle, die wichtigsten Punkte für die Orientierung beim Schnitzen zu fixieren. Einige dieser Hilfsmittel lassen sich auf einfache Weise selbst herstellen.

Drahtmodell des Bewegungsgerüstes

Aus Resten von ummanteltem Leitungsdraht, der biegbar ist, läßt sich ein Modell anfertigen, mit dem die Lage von Gelenkpunkten und Gliedmaßen im Raum dargestellt werden kann. Zeichnen Sie zuerst in der Größe der zu schnitzenden Figur das Schema des Knochengerüstes mit den Gelenkpunkten. In der Größe, die die Zeichnung angibt, drehen Sie den Draht zu einem beweglichen Modell zusammen. Gehen Sie von der Wirbelsäule aus. Fügen Sie den Schultergürtel und die Arme an, ebenso das Becken mit den Hüft-

Rolf Kunze: König, schreitend. Linde, Höhe 10,5 cm. König, kniend, Höhe 8 cm.
a = roh, b = farbig
Die Figuren sind nach dem Farbentwurf mit Aquarellfarben bemalt. Sie wurden zum Schutz der Oberfläche in verdünntes Latexbindemittel getaucht. Ein glänzender Lacküberzug sollte vermieden werden.

Bewegliche Skelettmodelle aus ummanteltem Leitungsdraht ermöglichen es, natürliche Körperhaltungen der Figuren räumlich darzustellen.
Mit mehreren dieser Modelle läßt sich das Zusammenspiel der Formen bei Figurengruppen erproben.
Das Drahtmodell kann mit Ton oder anderen plastischen Werkstoffen zum vollplastischen Modell aufgebaut werden. Die Figur läßt sich in ihrem Ausdruck so lange verändern, bis sie all das aussagt, was vom entstehenden Schnitzwerk erwartet wird.

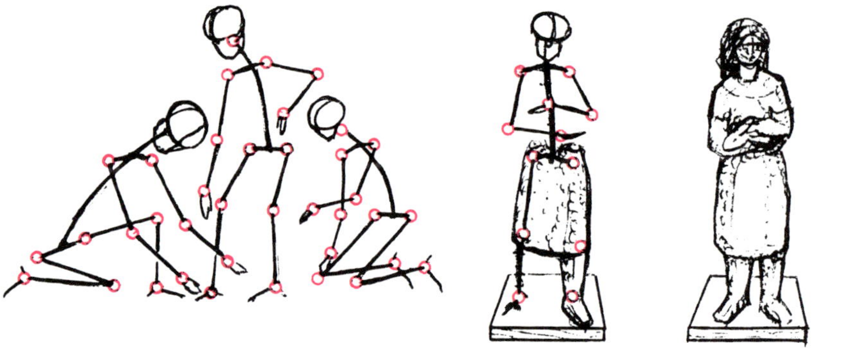

Die Form einer Figur vor dem Schnitzen mit formbarem Material aufbauen.
Meist ist es schwieriger, nach gezeichneten Entwürfen zu schnitzen als nach plastischen Modellen. Die Formen können bei Verwendung plastischer Werkstoffe wie Ton oder selbsthärtender Knetmasse so lange verändert werden, bis die Figur den optimalen Ausdruck erhalten hat, wobei beachtet werden muß, was im Holz zu gestalten möglich ist.

gelenken und Beinen und Füßen. Für den Kopf bilden Sie eine Form, die sphärisch das Ei des Hirnschädels und die Kinnkante umschreibt und oben an der Wirbelsäule drehbar angebunden ist.

Kennzeichnen Sie alle wichtigen Gelenkpunkte durch mehrfaches Umwickeln, eventuell mit farbigem Draht. Probieren Sie, ob alle natürlichen Körperhaltungen mit diesem Modell gestellt werden können. Gestalten Sie die verschiedenen Bewegungshaltungen von Sitzenden, Knienden, Sichaufrichtenden nach. Für gehende oder stehende Figuren befestigen Sie einen Fuß auf einem Brettchen, das einen festen Stand gewährleistet.

Lassen Sie einen Ausschreitenden sich schraubenförmig nach hinten umwenden. Beobachten Sie am eigenen Körper, wie weit dies möglich ist. Stellen Sie die Haltung eines Sitzenden, der sich im Gespräch seitwärts wendet ... Wenn Sie den Ausdruck der Körperhaltungen von Figuren einer szenischen Schnitzarbeit im voraus erproben wollen, so ist dies mit mehreren dieser einfachen Modelle entsprechender Größe möglich.

Das Drahtmodell läßt den inneren Bau der Figuren erkennen. Dieses innere Gerüst des »Bauwerkes« Körper ist für das Finden der äußeren Form der Figur in ihrer vollen räumlichen Ausdehnung wichtig. Um die Körperlichkeit der Figur zu veranschaulichen, verwendet man Hilfsmittel, bei denen die beweglichen Gliedmaßen in ihrer vollen plastischen Form sichtbar sind.

Die Bildschnitzer der Dürerzeit verwendeten bereits Gliederpuppen-Figuren mit beweglichen Gelenkverbindungen – die jede natürliche Körperhaltung nachgestalten lassen. Oft wurden diese Modellpuppen mit Stoff drapiert, der, mit Gips versteift, den Faltenwurf für die zu schnitzende Figur deutlich sichtbar machen sollte. In Fachgeschäften für Künstlerbedarf sind bewegliche Gliederpuppen in den Größen, wie sie der Feierabendschnitzer für seine Figuren verwenden kann, erhältlich.

Die Gesamtform einer Figur in ihrer plastischen Ausdehnung der Gliedmaßen mit eigenen Mitteln als Modell zu gestalten ist verhältnismäßig leicht möglich, wenn Sie das Drahtgerüst mit einer plastischen Masse (Knetmasse, Ton ...) umgeben. Die Modelliermasse muß etwa Körperwärme haben, wenn sie leicht knetbar sein soll. Kleine Stückchen, zu Kugeln gerollt, werden angesetzt und mit einem flachen Holzstück in die kantige Oberflächenform gedrückt, wie es dem Gestalten in Holz entspricht. Der biegsame Draht unter der Oberfläche ermöglicht erforderliche Korrekturen. Beobachten Sie Form und Lage der Gliedmaßen am eigenen Körper oder bei Bekannten.

Bei Figuren in räumlicher Drehung ist es besonders wichtig, daß die Formen von allen Seiten zusammenspielen. Deshalb sollten Sie beim Modellieren die entstehende Figur zur Kontrolle ständig drehen.

Michelangelos »Hockender Knabe« fügt sich in die Umrisse einer Kugel ein. Alle Körperglieder sind so an den Körper gebunden, daß nichts abbrechen könnte, wenn die Figur aus Stein einen Abhang hinuntergerollt würde. Dies gilt als klassischer Lehrsatz für Bildhauer.

Modelle aus formbarem Material

Eine Möglichkeit, plastische Modelle in skizzenhafter Form, also relativ leicht und schnell zu schaffen, wird viel zuwenig genutzt: die Tonstreifen- und Röllchenplastik.

Töpferton oder Baugrubenlehm, der durch Wasserzugabe so formbar gemacht wurde, daß er weder schmiert noch beim Biegen bricht, wird in eine flache Schicht gedrückt. Wie Stücke vom Kuchen, so werden Streifen in der Größe der Körperteile abgeschnitten und zum vereinfachten Formgefüge der Figur zusammengesetzt. Die Klebkraft des Tones ist so groß, daß mit leichtem Druck die Formteile aneinander haften. Es lassen sich auf diese Weise leicht Figuren aufbauen, deren Körperteile aus tragenden und lastenden Bauteilen bestehen oder vom Formkern weg in den Raum greifen.

a

b

c

Plastische Modelle ohne Stützgerüst können aus geschmeidigem Ton entstehen, wenn sie in kleinem Maßstab gearbeitet werden.
a Streifen, aus Ton geschnitten und zusammengesetzt
b Röllchenfiguren aus Ton
Die Rollen verschiedener Stärke werden mit der Hand geformt. Mit Tonschlick (angefeuchtetem Ton) lassen sich die Teilformen fest aneinanderfügen.
c Vor dem Schnitzen eines Lesenden erprobt man ohne große Mühe mit zusammengefügten Tonrollen den Ausdruck der Figur, wie er im Holz verwirklicht werden soll: fragendes Lesen, studieren, schmökern, deklamieren …
Bei plastischen Modellstudien sollte immer an Formen gedacht werden, bei denen die Holzmaserung voll zur Geltung kommt. Die Praxis, sich mit einfachen Modellen Vorstellungen für das Schnitzen von Figuren aus dem festen Werkstoff zu schaffen, ist für das Gestalten von Krippenfiguren ebenso zu empfehlen wie für das Schnitzen figürlicher Szenen aus dem Alltagserleben.

Kind, mit einem Teddy spielend. Entwurf. Kind und Spielzeug sind in die umhüllende Form eines Eies eingefügt. Alle Teilformen werden von den senkrecht verlaufenden Schichten des Holzes bruchsicher gebunden.

Für mehrfigurige Gruppen, die eventuell aus einem Stück geschnitzt werden sollen, lohnt sich diese modellbildende Vorarbeit besonders. In den feuchten Ton lassen sich Markierungen einritzen, die für das Ausarbeiten der Form aus dem Block wichtig sind, wie die Lage der Gesichtsteile bei der Drehung des Kopfes o. ä.

Aus Modelliermasse und auch Ton kann man mit den Grundformen Kugel, Walze und Kegel – ähnlich der Streifenplastik – Figuren aufbauen, die kein Gerüst brauchen, wenn die Größe von etwa 20 bis 25 cm nicht überschritten wird. Die Formen werden in der jeweiligen Größe mit den Händen gerollt. Beim Zusammenfügen probiert und ändert man, bis die Teilformen in der Größe und im Anpaßwinkel maßgerecht sind. Es empfiehlt sich, die Figuren großformig und zunächst unbekleidet zu modellieren. Für die Kleidung nötige Details können mit dünnen Schichten aufgesetzt werden. Muster für eventuelle Dekorstreifen lassen sich eindrücken (vgl. Bild Seite 86 links).

Beim Modellieren sollte man immer daran denken, daß die Figuren für die Ausführung im Werkstoff Holz bestimmt sind. Diese Art, Figuren aus Teilformen zusammenzusetzen, ähnelt dem Verfahren, Figuren aus Astteilen zu montieren (siehe Seite 18), das ebenfalls als methodisches Hilfsmittel zur Vorstellungsbildung für die Form der Figuren vor dem Herausarbeiten aus dem Holzblock eingesetzt werden kann.

Modelle aus festem Material

Wer plastische Formen aus festem Material ausarbeitet, setzt sich der Gefahr aus, die Grenzen der Bruchfestigkeit zu überschätzen. Daraus Konsequenzen für die Gestaltung zu ziehen, gehört zur handwerklichen Grundausbildung.

Mit seinem Ausspruch, eine Skulptur müsse so geformt sein, daß von ihr nichts abbrechen könne, wenn man sie die Steinbrüche von Carrara hinabstürze, hat der italienische Bildhauer Michelangelo Buonarotti (1475 bis 1564) einen Lehrsatz geprägt, der für alle Zeiten gültig ist.

Holz ist bei dünngliedrigen Formen quer zur Maserung besonders brüchig (vgl. auch Bild Seite 36). Das Anbinden feinformiger plastischer Bestandteile an den Formkern ist eine Konsequenz daraus. Dieses Einbinden in die Gesamtform läßt sich mit Werkstoffen, von denen man die umgebende Materialmasse abträgt, wie Gips, Porenbeton oder Schaumstoff, kompositorisch erproben. Dabei handelt es sich im Gegensatz zum Aufbauen einer Figur aus Formteilen um ein abtragendes Verfahren, bei dem die ganze Form in ihren zusammenhängenden Teilformen aus dem Block herausgeschält werden muß. Figuren, die aus einem Stück im abtragenden Verfahren gefertigt sind, nennt man *Skulptur.*

Porenbeton läßt sich mit einer robusten Säge in Stücke schneiden. Formen aus Gips kann man in den gewünschten Größen selbst gießen. Eine aufrecht stehende Walze, ähnlich dem Stamm oder Ast, stellt man auf folgende Weise her: Ein Stück Karton wird zu einer Röhre gerollt und mit Büroklammern zusammengehalten. In die Form gießt man Gips, der dünnflüssig angerührt wurde. Nach dem Erwärmen hat das Material abgebunden. Die Hülle kann entfernt werden.

Für Figuren aus Holz ist der Stamm die Formenhülle, in die sich alle Teilformen bruchsicher einfügen
a Marienfigur eines Tiroler Meisters um 1120
b + c Mutter mit einem Kind auf dem Arm – Kompositorische Möglichkeiten.
Die Formenbindung an den Stamm läßt viele gestalterische Möglichkeiten zu, in die auch heutige Ausdrucksformen bezüglich Haltung, Kleidung und Haartracht eingebunden werden können.
Die roten Linien an den Entwurfszeichnungen verdeutlichen das Grundprinzip der Gestaltung, die Teilformen so anzuordnen, daß sie den Blick auf die Hauptaussage lenken.

Hinweis
Die festen, brüchigen Werkstoffe wie Porenbeton und Gips, dürfen nicht mit den hochwertigen Schnitzwerkzeugen bearbeitet werden. Das Bearbeiten darf wegen des Materialstaubes nicht am Werkplatz für Holz erfolgen. Durch Sand und Steinstaub wird die Schneide der Schnitzeisen beschädigt.

Mit weniger wertvollen Messern, Schabern und robusten Stemmeisen arbeitet man das Material ab. Vorausgegangene zeichnerische Entwürfe erleichtern dabei die Orientierung. Ziel der Übung ist es, die räumliche Wirkung der Körperteile in ihren Begrenzungen durch Flächen und Kanten so in die Säule, den Block oder in die Pyramiden-Grundform einzubeziehen, daß die Bildidee von allen Seiten in gleicher Stärke des Ausdrucks abgelesen werden kann.

Nach Gesetzmäßigkeiten der Komposition kommt es darauf an, daß Formen, die schräg in den Raum führen, von einer Form in entgegengesetzter Richtung wieder eingebunden werden. Führt die Verlagerung einer Form aus der Mitte heraus zum Ungleichgewicht, z. B. durch ein Wickelbett, so wird durch entsprechende Gegenformen, wie Schräghaltung des Kopfes, herabwallender Haarschopf o. ä., das Formgleichgewicht wiederhergestellt. Die meist stärkere Betonung der Vorderseite einer Figur darf nicht zur Vernachlässigung der Aussage in den übrigen Ansichten führen.

Alle diese kompositorischen Unternehmungen dürfen aber nicht nur erfolgen, um formalen Wohlklang zu erzeugen. Das Ziel der Überlegungen und Versuche ist es, eine starke Aussage der Figur zu erreichen, bei der innere Zustände über die Anordnung der Körperglieder und die Physiognomie ablesbar werden. Vom Schnitzer Gesehenes und Erlebtes ist in den Aussagen zu Wertungen und Urteilen über Verhaltensweisen der Menschen verdichtet, die auch nachsichtiges Belächeln ihrer Schwächen sein können.

Entwurf einer »Sitzenden«.
Für das Herausschlagen der Form aus einem Stammabschnitt oder aus Vierkantholz ist der Entwurf einer Sitzenden gedacht. Arme und Beine sind so in die Schichten der Holzfasern eingebunden, daß durch die zusammenhängende Maserung überall die schwellenden Körperformen betont werden.

Günter Vogel: Hirte, auf der Panflöte spielend. Apfelbaum, Höhe 16 cm.
Bei dem sitzenden Hirten hüllt die Kleidung von der Rückseite her den Körper in die Umrisse einer Eiform ein. Die verschränkten Körperglieder binden den Blick an die geschlossene Grundform. Durch den schroffen Richtungsgegensatz zwischen den quer laufenden Fingergliedern und den senkrechten Kerben der Panflöte wird das Auge zum Gesicht des hingebungsvoll Spielenden hingeführt.

Heinz Müller: Sitzendes Mädchen. Kiefer, 30 cm, um 1970. Die Glieder des Mädchens sind in den runden Querschnitt eingebunden. Sie liegen reliefhaft flach am Körper. Durch das schräge Abschneiden des Holzes an den Formübergängen bleibt die Maserung in ihrem Verlauf sichtbar. Die auf einfache Form zurückgeführte Gestalt strahlt eine zeitlose Ruhe aus.

6 Die Figurengruppe

Durch geschicktes Gruppieren kann die Aussage der geschnitzten Figuren erhöht werden.

6.1 Zweiergruppe

Bei der Zweiergruppe lösen zwei gleichförmige, beziehungslos nebeneinandergestellte Figuren gähnende Langeweile aus. Durch Gegensätze zwischen ihnen wird der Betrachter zum Herstellen von Beziehungen angeregt – Gegensätze ziehen sich an. Zwei, die sich an der Straßenecke »unterhalten«, wirken stärker erheiternd, wenn sie sich in Körpergröße, -fülle, Mimik und Bewegungsausdruck unterscheiden. Für den Feierabendschnitzer ist es leichter, ein »ungleiches Paar« mit seinen gestalterischen Mitteln zu charakterisieren als am klassischen Liebespaar die »große Liebe« zum Ausdruck zu bringen.

Liebe zeigt sich in der Zuneigung der Partner in den verschiedenen Graden, im Anlehnen des Kopfes, im Umfassen mit Armen und Händen bis zur körperlichen Vereinigung. Zwei Körper schließen sich, vom inneren Gleichklang motiviert, zu einem Gestaltganzen zusammen. Diese Formvereinigung verschiedener Elemente (siehe Bild Seite 39) führt nach Meinung bedeutender Bildhauer zur höchsten Vollkommenheit plastischer Gestaltung und ist Gestaltungsprinzip der Skulptur überhaupt.

Michelangelo beweist seine theoretischen Äußerungen im gesamten Werk. Der »Hockende Knabe« in der Ermitage zu St. Petersburg (siehe Bild Seite 87) fügt sich in die Hüllform eines Eies ein.

Davon abgeleitet sieht Constantin Brancusi (rumänischer Bildhauer, 1876 bis 1957) das Ei als die vollkommene plastische Form an. Für Kleinfiguren aus Holz gilt dieser Grundsatz auch. Wenn ihre Formbestandteile an das Innere, an den Formkern gebunden werden, erhält die Figur hohe kompositorische Festigkeit und hohe Sicherheit gegen schädigende Krafteinwirkung von außen.

Linke Seite:
Bergwerk auf einer Freiberger Pyramide. Um 1835. Museum für bergmännische Volkskunst Schneeberg.
Die geschnitzten und mit Leimfarbe bemalten Figuren sind bei der bergmännischen Arbeit unter Tage dargestellt. An den Wänden der Stollen, an denen vor Ort das Silbererz ausgeschlagen wird, glitzern kleine Erzbrocken, wenn, durch den Warmluftstrom der Kerzen bewegt, die Szene sich lautlos vor den Augen des Betrachters dreht.

Horst Schreiter: Beim Schachspiel. Miniatur, Linde bemalt, Höhe 2,5 cm, um 1985.
Aus zwei oder mehreren Figuren entsteht eine Gruppe, wenn sie so zusammengefügt werden, daß sie Beziehungen zueinander ausdrücken. Der Spielzeugschnitzer, Hersteller von Schachfiguren, setzt die Gruppe aus vielen Einzelteilen zusammen. Sehr fein beobachtet ist die Haltung der Spieler. Der linke ist im Begriff, einen entscheidenden Zug zu tun; der Gegenübersitzende hat erregt die Hände an den Kopf geführt.
Die winzigen Schachfiguren wurden unter der Lupe geschnitzt. Die geistige Spannung ist das verbindende Element, das die vielen minutiösen Formteile zu einem Ganzen zusammenfügt.

Claus Leichseuring: Zwiegespräch. Sapeli-Mahagoni. H. 20 cm. Um 1980.
Zwei alte Herren sitzen im Gespräch auf einer Eckbank. Zuhörer und Sprecher sind in ihrer Haltung und im Gesichtsausdruck sensibel erfaßt. Ihre Oberkörper ragen aus dem Gefüge der plastisch untereinander verbundenen Teilformen von der Bank und den Beinen der Sitzenden heraus. Sie ziehen den Blick an. Die Gruppe will wie qualitätvolle Kleinskulptur von allen Seiten betrachtet und in ihrem emotionalen Gehalt erschlossen sein.

Karl-Heinz Werner: Zwei spielende Kinder. Linde, 25 cm, 1977.
Die aus einem Stück Lindenholz ausgeführte Schnitzarbeit läßt erkennen, daß die Komposition gut durchdacht und nach zeichnerischen und plastischen Vorstudien entstanden ist. Die Gegensätze der Kinder im Alter, im Äußeren und im Verhalten, die durch das Sitzen und das Gegenüberstehen verstärkt werden, sind durch die blickführenden Formen überbrückt. Dadurch kommt der Eindruck des Verstehens und Zusammenspielens zustande.

Beachten Sie beim Gestalten von zweifigurigen Schnitzwerken:

- Zweifigurige Schnitzwerke gewinnen an Aussagekraft, wenn Gegensätze im Charakter, in der Form und in der Oberflächengestaltung zueinander in Beziehung gesetzt sind.
- Die Gestaltgegensätze können sich
in der Form – wie schlank gegen dick, groß gegen klein –,
in der Haltung – wie bewegt gegen starr –,
in der Aussage der Körperglieder, im Gesichtsausdruck und in den Richtungen äußern.
Die Richtungen der Körperglieder können Zuwendung oder Abweisung ausdrücken, inneren Gleichklang oder Zwiespalt.
- Stehen die beiden Figuren linear nebeneinander, so wirken sie flächig, wie im Relief, das nur von einer Seite zu betrachten ist. Durch leichte Drehung aus der Reliefebene heraus, Verschieben der Körperachsen in der Höhe und in den räumlichen Richtungen und durch verbindende Teilformen wirkt die Zweiergruppe räumlich und lebendig. Sie kann von allen Seiten betrachtet werden und ist beim Gestalten auf ihre allseitige Wirkung zu überprüfen.

6.2 Dreiergruppe

Möglichkeiten, drei Figuren zu gruppieren

Eine Gruppe, aus drei Schnitzfiguren bestehend, läßt sich auf mannigfache Weise gliedern. Motive aus dem Familienleben, aus den Erlebensbereichen Sport, Urlaub und Freizeitgestaltung regen ebenso zum Gestalten von Figuren an wie Märchen, Sage oder Geschichte. Die biblische Geschichte bietet mit dem Motiv der Krippe seit Jahrhunderten Anlaß, sich in das bewegende Geschehen der Christgeburt einzufühlen und ganz persönlich Erlebtes in den Figuren zum Ausdruck zu bringen.

Wie man bei Bühnenstücken von einer Dreieckshandlung spricht, so ist der Sinn einer Dreifigurengruppe, in der Haltung der Figuren das zum Ausdruck zu bringen, was diese innerlich verbindet. Die Darstellung der Heiligen Familie in den Schnitzaltären und später in den geschnitzten volkstümlichen Krippen zeugt davon, wie durch die gedankliche Verinnerlichung des Geschehens stark emotionale Gestaltungen entstanden sind. Die drei Skizzen deuten nur einige von vielen verschiedenen Möglichkeiten des Gruppierens an.

Mutter Maria wird meist sitzend und still das Kind betrachtend dargestellt. Joseph tritt als besorgter Familienvater dazu, mit einer Laterne ausgestattet. Seine Zuneigung zur Familie kommt in der Zuwendung des Blickes oder auch durch sanftes Berühren der Schultern von Maria zum Ausdruck. Das Kind liegt vor ihnen in einem Krippenkästchen oder auf Stroh.

Eine zweite Variante läßt den heiligen Joseph anbetend neben der sitzenden Gottesmutter stehen. Durch seine gebeugte, anbetende Haltung wird er trotz der Größe im Stehen nicht in seiner Bedeutung überhöht, da alle blickführenden Linien der Teilformen auf das Kind hinweisen.

Bei der dritten Anordnung ist Maria als Gottesmutter die dominierende Figur; die stehende Madonna wird – mit dem Kind in ihren Armen zu einer Figur vereinigt – zur Himmelskönigin. Zwei Anbetende knien vor ihr.

Winterfreuden. Linde bemalt, 1976. Kinder-Schnitzzirkel Niederwiesa. Leiter: Rolf Kunze. Drei Figuren, zur Gruppe vereint, bilden im Grundriß ein Dreieck. Die blickbildenden Formen der rodelnden und skifahrenden Kinder suggerieren die rasche Bewegung bei der Talfahrt und schließen die Figuren in eine Pyramide ein, bei der die scharfe Spitze an der Basis von dem vorn rodelnden Jungen gebildet wird, der bäuchlings auf dem Schlitten liegt. Die Farbigkeit – Kadmiumrot an der Spitze, stumpfes Grün rückseits – unterstützt den Eindruck der raschen Fahrt.

Drei Figuren ordnen sich in eine dreiseitige Pyramide ein

Drei Figuren lassen sich von allen Seiten in das *Dreieck* einordnen. Der Grundriß ist dreieckig. Durch die Höhengliederung fügen sich die Figuren wiederum in ein Dreieck ein. Bei den ersten beiden Beispielen ist das Dreieck ungleichseitig. Die strenge Symmetrie des dritten Beispiels rückt das Geschehen aus dem Bereich des Alltäglichen ins Sakrale. Die Dreieckskomposition gilt von jeher als das Prinzip für die Gestaltung höchst bedeutsamer Ereignisse – in der religiösen Kunst wird Göttliches damit ausgedrückt: die Heilige Dreifaltigkeit, die Kreuzigung, die Schutzmantelmadonna, die Anbetung und vieles andere biblische Geschehen.

Das menschliche Auge ordnet mehrere Formen – aus Seherfahrung – in umschreibende Linien oder räumliche Gebilde ein, wie Pyramide, Kegel, Ei, Kubus oder Walze. Das Holz in seiner Wachstumsstruktur ermöglicht und erfordert es, die Einzelheiten der Formen kompositorisch in eine der räumlichen Formhüllen einzufügen.

Die Pyramide, als ein von dreieckigen Flächen umgrenzter Körper, ist die umhüllende Form, in der alle eingegliederten mehrfigurigen Szenen kompositorisch geordnet erscheinen. Bei Szenen, die aus dem täglichen Erleben berichten, wird man strenge Symmetrie möglichst meiden. In dem Grad, wie sich die Winkel verändern, läßt sich behäbiges Hinlagern ausdrücken oder steiles Aufrichten – je nach der Thematik und der beabsichtigten Aussage.

Krippenfiguren als Dreiergruppe.
Die Entwurfsskizzen zeigen Möglichkeiten des kompositorischen Zuordnens:
a Maria sitzend, auf das Kind in der Krippe schauend. Joseph als besorgter Vater ist mit der Laterne von der Seite hinzugetreten.
b Maria schaut auf das Christuskind, das vor ihr in einem Krippenkästchen liegt. Joseph steht eng an ihrer Seite, das Kind anbetend.
c Maria, das Kind auf den Armen haltend, ist zur Hauptfigur geworden, zur Madonna. Zwei Heilige beten sie kniend an. In den beiden ersten Gruppen wird das Geburtsgeschehen familiär dargestellt. Die alltägliche Kleidung rückt die Figuren in die Nähe; eine asymmetrische Aufstellung läßt den Betrachter hinzutreten und am innigen Erleben teilhaben.
Die dritte Gliederung wirkt durch die strenge Symmetrie eher repräsentativ.

Daß starke Emotionen bei Anwendung dieser Erkenntnisse ausgelöst werden können, beweist auch die Haltung der Figuren im Schnitzwerk »Kriegselend« von Emil Teubner. Die Figurengruppe, die sich in eine flache Pyramide einfügt, ist durch das Kind, den Vater und die Mutter jeweils wieder in kleinere Pyramidenformen untergliedert, die unterschiedliche Aussagen bewirken. Bleischwere Müdigkeit hat die Figur des flach hingelagerten Vaters befallen. Der Junge, dessen Kopf über die Grundfläche, auf der er liegt, hinausragt, sucht Halt und Schutz bei dem Älteren. Die steil aufgerichtete Haltung der Mutter, die auf dem Bündel des geretteten Gutes sitzt, läßt Unrast in der kurzzeitigen Ruhestellung ablesen.

Walter Hambek: Heilige Familie. Linde, Höhe ca. 20 cm.

6.3 Traditionelle Formen des szenisch-figürlichen Schnitzens

»Christgeburt im Huthaus« und »Berg«

Unter den Schnitzern, die aus reiner Freude an der Sache ihr Handwerk betreiben, die keine Berufsausbildung als Holzbildhauer oder Bildschnitzer erfahren haben, ist das szenisch-erzählende Schnitzen weit verbreitet.

Im sächsischen Bergbaugebiet bildete sich der »Berg« aus, ursprünglich die modellhafte Nachbildung der Bergbaulandschaft, in die seit Anfang des 19. Jahrhunderts geschnitzte biblische Szenen einfließen. Die lebendige Phantasie des Volkes ließ eine Formenfülle an szenischen Gestaltungen entstehen, die von der »Krippe« über den »Paradiesgarten« zum Weihnachtsberg, zum Berg »im orientalischen Stil« zum »Heimatberg« führte. Schnitzvereine wetteiferten seit dem Ende des 19. Jahrhunderts um die Rangordnung, wer den »größten« und »schönsten« Berg hat.

In einigen Museen sind diese volkstümlichen Zeugnisse der Kultur erhalten. Von den häuslichen Bergen – jedes Vereinsmitglied mußte einen Berg in seiner Wohnung aufgebaut haben – sind viele den modernen Wohnansprüchen zum Opfer gefallen.

Es ist verdienstvoll, die Überlieferung, Krippen oder Weihnachtsberge zu bauen, in der Gegenwart weiterzuführen. Die heutigen Wohnbedingungen erlauben keine großen, raumfüllenden Schauanlagen. Konzentration auf wenige aussagestarke Figuren ist angesagt.

Gustav Rössel: Christgeburt im Huthaus. Um 1930. Museum für bergmännische Volkskunst Schneeberg.
Eine Verbindung von Krippe und Nachbildung einer Bergbaulandschaft ist in der sogenannten »Heimatkrippe« zustande gekommen. Das biblische Geschehen wird nicht mehr im »orientalischen Stil« dargestellt, sondern gedanklich in heimatliche Gefilde verlagert. Die Heilige Familie hat auf ihrer Flucht Unterkunft im Göpelwerk einer Schachtanlage gefunden.
Das Huthaus ist das Gebäude, in dem der Bergmann vor dem Einfahren seine Kleidung wechselt, das »Gezäh« (Werkzeug) empfängt und in dem er sein Gebet verrichtet.

Das Gruppieren der »Krippe« beim Erweitern mit mehreren Figuren

Für Ihr Vorhaben, eine Krippe selbst zu schnitzen, finden Sie in den voranstehenden Kapiteln Hinweise, wie Sie Ihre Figuren gestalten können. Im folgenden finden Sie Anregungen, die Gruppen wirkungsvoll aufzustellen.

Eine Krippe zu schnitzen ist eine Aufgabe, die sich über mehrere Jahre erstrecken kann. Es hat Sinn, wenn man mit der Heiligen Familie beginnt, wie auf Seite 94 dargestellt ist. Die stille Szene vor dem Betlehemstall kann nach der Schilderung des Weihnachtsevangeliums zunächst mit den Hirten bereichert werden, die, von den Engeln geleitet, zuerst das Christkind anbeteten.

Das Erweitern der Szene mit Figuren muß von vornherein durchdacht sein, um die Weihe, die von der geschnitzten Krippe ausstrahlt, nicht durch ein Spektakel an Formen und Farben zu stören. Die Heilige Familie, die als in sich geschlossene Gruppe vorn im Mittelpunkt steht, kann in ihrer dominierenden Stellung erhöht werden, wenn sie von den ankommenden, anbetenden und Geschenke überbringenden Personen so umrahmt wird, daß diese die Ergriffenheit, die von der Mitte ausgeht, in ihren Haltungen, Gesten und im Mienenspiel nach außen hin in vielfacher Abwandlung widerspiegeln. Das geschieht am besten, wenn die Ankommenden jeweils wieder in Gruppen gegliedert werden; die Hirten, die Heiligen Drei Könige ...

Die Tiere – Ochs und Esel – können im Stall abseits stehen. Ein offenes Stallgebäude, das aus geschnitzten Teilen gefertigt werden kann, rahmt in seiner Form mit dem spitzen Dach die Gruppen ein. Auf weiteres, die Blicke ablenkendes Nebenwerk sollte verzichtet werden.

Keine fertig gekaufte Krippe kann den Reichtum an Emotionen erzeugen, der beim eigenen Gestalten der Figuren, beim Ergänzen und Neuordnen jährlich im Advent den Schnitzer erfüllt.

Auch für mehrfigurige Schnitzarbeiten aus dem Alltag gilt der Grundsatz, die gestalterische Tätigkeit zu planen.

Linke Seite, oben:
Emil Teubner: Kriegselend. Linde, Höhe 28 cm, 1944. Museum für bergmännische Volkskunst Schneeberg.
Drei Menschen, im Kriege vertrieben, rasten auf ihrer Flucht. Die starke Emotionalität, die von dem Werk ausstrahlt, wird durch das Eingliedern der Figuren in eine flache Pyramide erreicht, die das Bedrückende besonders stark nacherleben läßt.

Wer seine Krippe selbst schnitzt, wird sie von Jahr zu Jahr mit einigen neuen Figuren bereichern. Das will durchdacht sein.
Die Hinzutretenden sollten jeweils wieder in Gruppen gegliedert werden, die den Mittelpunkt betonen.

Linke Seite, unten:
Alte böhmische Krippenfiguren, Linde, bemalt und vergoldet. 19. Jh., Höhe 12 bis 15 cm. Museum für bergmännische Volkskunst Schneeberg.
Die Heilige Familie steht im Zentrum. Die Gruppe ist so aufgebaut, daß die Hirten, die staunend das Christkind betrachten, von links herangetreten sind. Außen wird gezeigt, wie zuerst die Hirten auf dem Felde die Botschaft erhalten haben. Rechts erscheinen die Könige, die der Spur des Sternes gefolgt sind. Die vielfigurige Szene ist in kleinere Gruppen gegliedert, die wie eine Bildfolge abgelesen werden können. Wie bei einem Flügelaltar rahmen die restlichen Gruppen die Mittelszene der Anbetung des Christkindes.

Rolf Kunze: Krippe 1992. Linde, mit Aquarellfarben bemalt, Goldbronze, Höhe der stehenden Figuren 12 bis 12,5 cm, kniende Figuren 8 bis 9,5 cm.
Von der kleinsten Form einer Krippe mit der Hl. Familie zur großen Figurengruppe.

Das Gestalten mehrfiguriger Schnitzarbeiten mit Motiven aus dem Alltag

Gruppieren der Figuren auf der beweglichen Leuchterpyramide

Als weitere Objekte, auf denen Figurengruppen zur Schau stehen, sollen einige Pyramiden betrachtet werden.

Auf dem untersten Teller einer alten Pyramide, die um 1835 in der Bergstadt Freiberg entstanden ist, dreht sich, vom Warmluftstrom getrieben, die Nachbildung eines Bergwerksbetriebes. Die große Zahl von Einzelszenen ist in den pyramidenförmigen Aufbau der Stollen und Abbaustrecken eingebunden. Mit schimmernden Mineralien ist das »Berggebäude« errichtet, in dem die »Häuer«, Karrenläufer, »Haspler« und »Bergzimmerlinge« bei ihrer schweren Arbeit tätig sind. Am Rande des Tellers schieben die »Huntestößer« mit krummen Rücken die schweren Erzkarren.

Eine rhythmische Gliederung von Figuren, gegensätzlich in Form, Größe, Richtung und Farbe, kann bewirken, daß bewegende Gedanken zum Ausdruck kommen. Bei der »Heiligen Familie auf der Flucht« vom Bergschmied Zier aus dem Jahr 1868 trägt der bergmännisch gekleidete Joseph die Wiege auf seinem Rücken vor Maria mit dem Kind im Wickelbett her. Ihnen folgen Herodes mit dem Schwert, den Kindermord einleitend, die Hirten und die Heiligen Drei Könige.

Bei einer Pyramide, die von den Schnitzern des Erzgebirgskreises Marienberg 1980 geschaffen wurde, beleben die Figuren einer Jagd, die Herzog Johann Casimir von Sachsen im Jahre 1639 abgehalten hat, die Drehscheibe. Über die Jäger, Treiber, Wildbretträger und springenden Tiere dominiert die Figur des Jagdherren hoch zu Roß. Bei der langsamen Umdrehung des geschnitzten Bilderbogens erfaßt das Auge die Figurengruppen in immer neuen Farbkombinationen, in ihrer Höhengliederung, unterschiedlichen Richtungen und Überschneidungen.

Jagdszene auf einer Pyramide, die gemeinsam von den Schnitzern des Kreises Marienberg geschaffen wurde. Leiter des Lehrgangs: Rolf Kunze. Bemalte Figuren aus Lindenholz, Höhe 18 bis 25 cm, 1980. Heimatstube Zöblitz.

Die Heilige Familie auf der Flucht. Szene auf der Pyramide des Bergschmiedes Zier. 1868. Museum für bergmännische Volkskunst Schneeberg.

Gestalten von Figurengruppen auf Weihnachts- und Heimatbergen

Beim Gestalten der Weihnachts- und Heimatberge werden die Figurengruppen so zusammengestellt, daß eine gute Aussagewirkung bei geringem Platzaufwand zustande kommt.

Häuser in heimischer Bauweise, Winterlandschaft und Menschengruppen verbinden sich im »Winterberg« der Jugendschnitzgruppe Beierfeld zum lebendigen Ganzen. Auf der mit beweglichen Elementen gestalteten Schauanlage zieht ein Skikjöring durch das verschneite Erzgebirgsdorf. Rodler sausen talwärts, und – geschnitzte – Skispringer schweben nach steiler Abfahrt über den Schanzentisch im freien Flug zum Auslauf. Dort werden sie, hinter einem Hügel versteckt, von Magnetbändern erfaßt und unter der Oberfläche zum Anlaufturm befördert, von wo aus »bei Grün« für den Skispringer die waghalsige Fahrt von neuem beginnt. Schauanlagen von solchen Ausmaßen zu schaffen ist nur Vereinen möglich, die diese im eigenen Schnitzerheim oder auch, wie in einigen Orten des Erzgebirges, als Freianlage aufstellen können.

Für einen Krippen- oder Heimatberg, der in der Weihnachtszeit in der Wohnung aufgestellt werden kann, ist das Reduzieren der Stellfläche unbedingt nötig. Die Figuren müssen geschickt gruppiert sein, Leerraum und überflüssiges Beiwerk müssen vermieden werden. Die Gestaltung mit beweglichen Elementen zu beleben ist mit moderner Technik auch auf kleinem Grundriß möglich.

»Winterberg« der Jugend-Schnitzgruppe Beierfeld/Erzgebirge. Figuren aus Lindenholz, mit Deckfarben bemalt. Landschaft kaschiert.
Ein »mechanischer« Weihnachtsberg, bei dem die Wintersport treibenden Figuren mit mechanischen Laufbändern und Magnetbändern bewegt werden.

7 Tiere schnitzen

7.1 Eigenart des Tierschnitzens

Tiere zu schnitzen ist auch für Nichtprofessionelle reizvoll, selbst für Kinder. Die Ausgangsform ist meist das Brett, aus dem die Form des Tieres in Seitenansicht herausgeschnitten wird. Handwerkliche Erfahrungen lehren, dünngliedrige Teile, wie die Beine, im Holz längs zur Faser zu richten; im Querholz brechen sie ab. Für strapazierfähiges Spielzeug werden die Formen im Querholz verstärkt. Es entstanden die typischen Ausdrucksformen des *Holzspielzeugs*.

Abgebrochene Glieder am Holzspielzeug führten zu der Erfahrung, daß dünngliedrige Formen in Faserrichtung geführt bzw. verstärkt werden müssen.

Auch auf einfache Weise lassen sich Tiere gestalten: Der Rumpf und die Gliedmaßen werden einzeln geschnitzt und zur Tierform zusammengesetzt. Diese Art des Tierschnitzens eignet sich besonders für Kinder. Das Holz kann bemalt oder mit Fell beklebt werden, was besonderen Anreiz zum Spielen auslöst. Die klare, eindeutig erkennbare Form, die das Ausschneiden aus dem Brett ergibt, ist nicht nur als Spielzeug gut geeignet; auch der Schnitzer, der seine Krippenszenen mit Tieren ergänzen will, wird diese zuerst in stehender Haltung in eindeutiger Seitenansicht gestalten.

Kurt Horke: Kuhmutter mit Kalb. Linde, Höhe 15 cm, um 1980.
Die Gruppe des Muttertieres, das sich dem Kälbchen zuwendet, und des Jungtieres, das noch wackelig auf den Beinen steht, ist aus einem Linden-Viertelstamm herausgeschnitzt. Der starke Ausdruck ist das Ergebnis gründlichen Naturstudiums. Die schnitztechnische Meisterschaft wird bei der Gestaltung der Oberfläche des nur gering gemaserten Lindenholzes besonders beim Vergleich der Fellstruktur von Kuh und Kalb sichtbar.

Richard Hauck: Oberberghauptmann zu Pferde. Linde bemalt. Aus dem Bergaufzug im Museum für bergmännische Volkskunst Schneeberg. Höhe 12 cm, 1940.
Die stolze Haltung des Reiters ist auf das Roß übertragen. Dessen linke Vorderhand ist im Schreiten angehoben. Durch den senkrechten Verlauf der Fasern sind die drei Hufe des Tieres so mit der Grundplatte verbunden, daß genügend Bruchsicherheit gewährleistet ist.

Für Tiere »in Bewegung« ist eine gewisse Kenntnis vom Bau des Tierkörpers erforderlich. Bei räumlicher Drehung des Tierkörpers wird man meist mit der Dicke des Brettes nicht auskommen. Die Form wird man aus dem Block herausschlagen müssen, wobei wiederum die Faserrichtung zu beachten ist, um das Abbrechen von Teilformen zu verhindern.

Günter Preuß: Pfeifenrössel. Linde bemalt, Höhe 15 cm.
Typische Form des Holzspielzeugs nach alten Vorbildern. Der Umriß des Pferdes ist stark vereinfacht, die Form des Kopfes in den Rumpf eingebunden. Die Beine wurden zur Erhöhung der Bruchfestigkeit verstärkt.

7.2 Die einfache Form des stehenden Tieres aus dem Brett

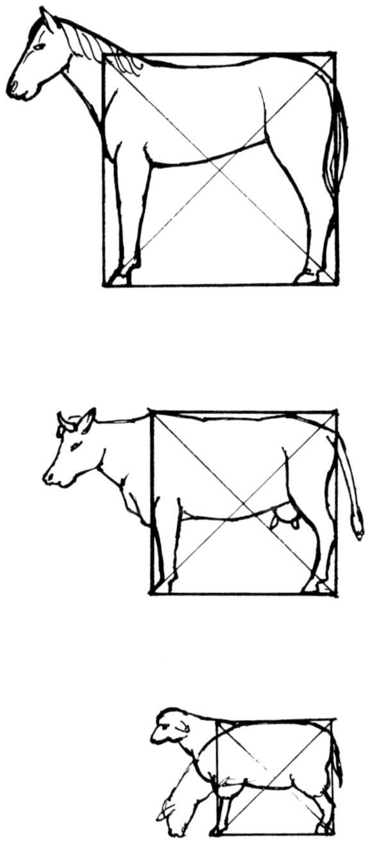

Tiere zeichnen. Methodische Hilfe. Unsere bekannten Haustiere – Pferd, Rind und Schaf – fügen sich stehend mit Rumpf und Beinen in ein Quadrat ein. Hals und Kopf werden außen angefügt. Die bewegliche Halswirbelsäule und der Kopf ermöglichen, daß die Tiere stehend die Nahrung vom Boden aufnehmen können.

Ein Tier – Pferd, Kuh oder Schaf – aus dem Holz herauszuschnitzen erfordert, daß seine Form in eindeutiger Seitenansicht auf das Holz aufgezeichnet wird. Fotos von Tieren in räumlicher Verkürzung können nicht als Vorlage verwendet werden, weil durch die verkürzte Darstellung die realen Maßverhältnisse nicht ersichtlich sind. Die Werkzeichnung fertigt man in entsprechender Größe.

Hinweis
Beim stehenden Tier ist die Länge des Rumpfes meist gleich der Höhe von den Hufen bis zur Rückenlinie. Rumpf und Beine fügen sich in ein Quadrat. Die typischen Umrisse des Pferdes, der Kuh oder des Schafes sind in ein Quadrat einzeichenbar.

Hals, Kopf und Schwanz fügt man außen an das Quadrat an. Beim Auftragen der Werkzeichnung auf das Brett ist sorgfältig darauf zu achten, daß die Form der Beine längs in Richtung der Holzfasern führt. Beim Aussägen läßt man 2 bis 3 mm über der Rißlinie stehen, die zum Sauberschneiden und für erforderlich werdende Korrekturen nötig sind. Räumlich, nach dem Beschnitzen der Kanten, wirken die Beine dünner als in der Fläche auf dem Zeichenblatt.

Die Kanten des Rumpfes schnitzt man so, daß Bauch und Rücken die für das Tier typische Form erhalten, wie in der Querschnittzeichnung ersichtlich ist. Die Kanten, die den Bauch bezeichnen, führen unter Brust und Becken zum Ansatz der Beine über. Von der Brust her zieht am Hals die Form zum Kopf hin stark ein. Der Kopf hat an der Stirn die größte Breite. Die Form verjüngt sich keilförmig zum Maul hin, das in leichter Rundung wieder ausladt.

Da die Formen in Holz zu schnitzen sind, sollten auch beim Kopf schräge Schnitte mit deutlichen Schnittflächen und -kanten die Vorderansicht und die Seitenansicht räumlich verbinden. Die Form des Ochsen, der als Spielzeug gebraucht werden soll, wird viel massiver angelegt sein müssen als die des Ochsen, der als stummer Teilhaber des Geschehens an der Krippe mitwirkt (Werkzeichnung siehe Bild Seite 105).

Die Linien und Flächen der Körperkanten lassen erkennen, wie die schrägen Schnitte anzusetzen sind, um Rumpf und Körperglieder räumlich zu gliedern.

Schafherde. Werkzeichnung für Tiere unterschiedlicher Größe und Körperhaltung.

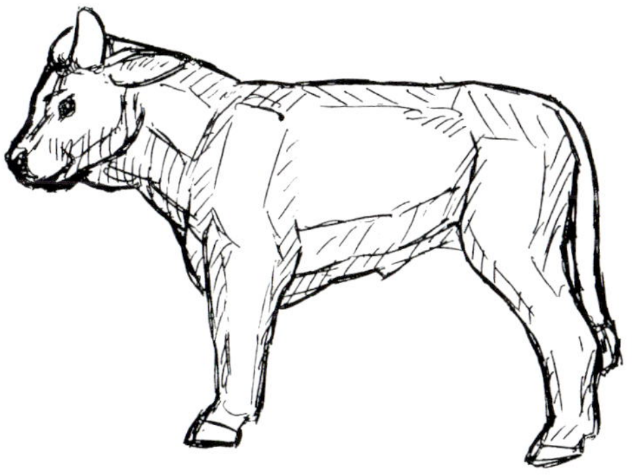

Tiere für eine Krippe. Werkzeichnung für Ochs und Esel.
Die Binnenzeichnung gibt die Lage der körperbildenden Kanten an.

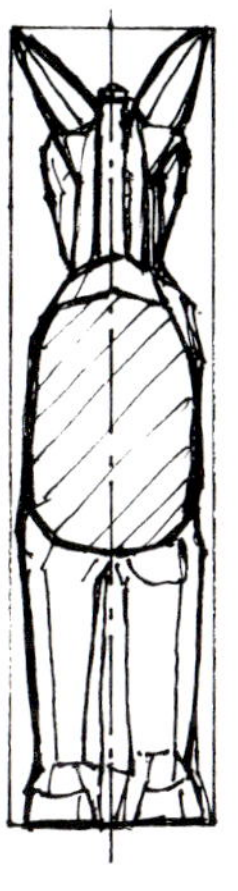

Folge der Arbeitsgänge beim Schnitzen eines Esels für eine Krippe.
Nach dem Ausschneiden der Umrisse in der Seitenansicht

- *schräge Körperkanten am Rumpf und an den Beinen anlegen,*
- *Hals verjüngen,*
- *vom Hals aus die Keilform des Kopfes (in Vorderansicht) herausarbeiten, Kinnlade zum Ohransatz hin einkerben, daß der Kopfumriß deutlich sichtbar wird;*
- *von den Hufen her die Beine sauber schnitzen. Eventuell mit der Feinsäge zwischen den vorderen Beinen einschneiden.*
- *Den Schwanz mit Quaste vom Ende der Wirbelsäule her im Holz absetzen und an die Masse der Beine anbinden,*
- *Übergangsformen vom Becken zum Bauch und zur Schulterpartie sauber schnitzen,*
- *Ohren, bürstenartige Mähne und Feinform des Kopfes herausarbeiten (Ohren eventuell einleimen).*

Beim Esel ändern sich gegenüber dem Pferd die Proportionen und Formen etwas. Das wird besonders am Kopf sichtbar, bei dem das Profil gekrümmt verläuft, an den langen »Eselsohren« und an der Schwanzquaste. Die Werkzeichnung ist für das Schnitzen aus Weichholz mit einer Brettstärke von 20 bis 25 mm gedacht. Die Tiere passen zu Krippenfiguren von etwa 10 cm Höhe.

Leichter als bei Pferd und Rind läßt sich die Form für das Schaf erarbeiten. Beim Schafeschnitzen sollte bedacht werden, die leicht zerbrechlichen Formen im Holz zu verstärken und von einer maßstäblichen Verkleinerung einer naturalistischen Tierform abzusehen. Schäfchen üben eine starke emotionale Wirkung besonders auf Kinder aus. Sind sie für die Krippe gedacht, sollte beim Entwurf der Werkzeichnung die Form von diesem inneren Bezug abgeleitet sein. Dabei wird vom Rumpf ausgegangen, der mit seinem wuscheligen Fell wie ein Wollknäuel wirkt. An das quer liegende Oval sind die Körperglieder angesetzt: Hals und Kopf und nach unten die (verstärkt geformten) Beine. Ellbogen und Knie, die, im Gegensatz zu den frei stehenden

Das Eselchen, bemalt mit Aquarellfarbe.

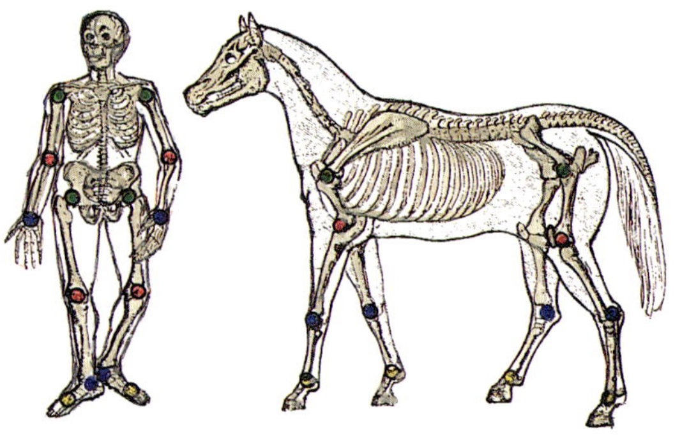

Körperbau und Fortbewegung bei Mensch und Tier.
Durch den aufrechten Gang unterscheidet sich der Bewegungsapparat des Menschen von dem der Tiere. Beim Menschen sind die Beine am Hüftgelenk beweglich mit dem Rumpf verbunden. Beim Pferd und bei anderen Tieren sind das Becken und die Oberschenkel bis zum Knie in das Volumen des Rumpfes eingebunden. Die Fußgelenk- und Handwurzelknochen sind verlängert, Finger- und Zehenglieder zu Hufen umgebildet.
Beim Schnitzen »bewegter« Tiere (in Schritt- oder Sprungstellung) ist Wissen um die Funktionsweise des Tierkörpers erforderlich.

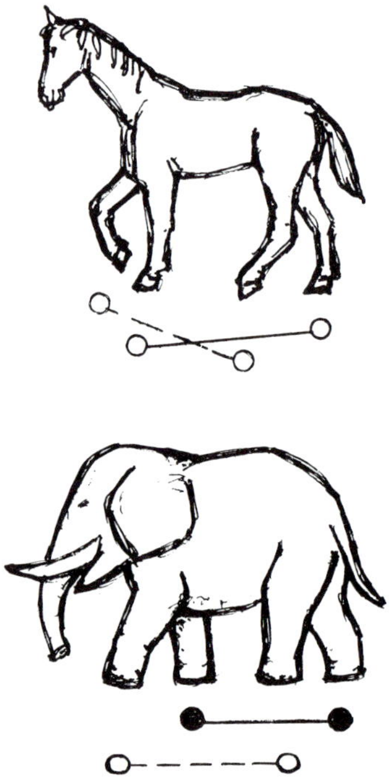

Bewegungsarten: Kreuzgang und Paßgang. Pferde und andere heimische Tierarten setzen beim Gehen die Beine über Kreuz in Bewegung. Sie sind Kreuzgänger. *Kamel, Giraffe, Elefant u. a. setzen abwechselnd jeweils die beiden linken und die beiden rechten Beine nach vorn. Sie sind* Paßgänger. *Der dadurch verursachte schaukelnde Gang verhalf dem Kamel zur Bezeichnung »Schiff der Wüste«.*

beim Menschen, eng an die Umrißform des Rumpfes gebunden sind, werden von einer hosenartigen Hülle umgeben. Ohren und Lämmerschwanz können beim Schnitzen aus dem Stück ausgearbeitet werden; es ist auch möglich, sie anzusetzen.

In der Zeichnung lassen sich die Tiere in verschiedenen Haltungen erfassen. Jungtiere haben schlankere Körperformen. Bereits beim Entwurf werden kleine Schafherden geplant, bei denen die Tiere in der Form aufeinander bezogen sind wie in einer Familie, aber keins dem anderen völlig gleicht: der Widder mit den gekrümmten Hörnern, das Mutterschaf mit Lämmern, grasende Tiere, die Hals und Kopf zum Boden gesenkt haben, und liegende, die vergnüglich wiederkäuen. Beim liegenden Tier sind die eingefalteten Beine nur leicht angedeutet. Für etwa 10 cm hohe Krippenfiguren kann die Rumpfhöhe der Schafe 2,5 bis 4,5 cm betragen.

Schnitzen
Aus 12 bis 15 mm starkem Lindenholz wird die Umrißform mit der Laubsäge ausgeschnitten (Beine in Faserrichtung). An spitzen Innenwinkeln bohrt man am besten vor, so daß man das Sägeblatt leicht in die neue Schnittrichtung wenden kann. Mit dem Schnitzmesser werden die Flächen und Kanten nach der Werkzeichnung geschnitten. Für den Lämmerschwanz setzt man das Holz beidseitig zurück. Ebenso muß für den Hals von den Schultern aus etwas zurückgeschnitten werden. Mit formgebenden Schnitten erhält der Kopf seinen Ausdruck. Werden die Ohren aus dem Stück gearbeitet, ist das Holz dafür auszusparen. Im anderen Fall können sie flach anliegend oder quer stehend – in eine Bohrung eingesteckt – mit Leim befestigt werden.

7.3 Tiere in Bewegung

Tiere in der Schönheit ihrer Bewegungen regten zu allen Zeiten zum Beobachten und zum Nachbilden mit künstlerischen Mitteln an. Wer täglich mit ihnen umgeht, kennt ihren Körperbau so gut, daß er – das technische Können vorausgesetzt – in der Lage ist, sie aus der Erinnerung zu zeichnen oder plastisch zu formen. Jene, denen es nicht möglich ist, ständig engen Kontakt zu den Tieren zu haben, die sie gern schnitzen möchten, erwerben sich Kenntnisse aus Tierbüchern, in denen der Aufbau des Tierkörpers und seines Bewegungsapparates dargestellt ist.

Pferd, Rind, Schaf, Kamel und andere Säugetiere unterscheiden sich wesentlich vom Menschen, der sich durch den aufrechten Gang und die Ausbildung seiner Gliedmaßen entwicklungsgeschichtlich aus der Tierreihe herausgebildet hat. Am Beispiel des Skelettschemas eines Pferdes bietet sich ein Vergleich zum Menschen in gebückter Haltung an: Beim Pferd sind Becken und Schultergürtel so geformt, daß Oberschenkel und Oberarm in den Rumpf eingebunden sind; beim Menschen ragen sie, nahezu frei beweglich, aus dem Rumpf heraus. Ellbogengelenke und Knie sind noch in den Umriß des Rumpfes einbezogen. Die Beine der Tiere sind lang und sehr beweglich ausgebildet. Die Ferse und die Handwurzel liegen verhältnismäßig hoch. Sie werden oft für Knie und Ellbogen gehalten. Durch die Anpassung der Art an die Umweltbedingungen sind die Fußgelenk- und Handwurzelknochen verlängert. Die Zehenglieder und die Fingerknochen haben sich beim Pferd zu Hufen und bei Paarhufern, wie Rind, Schaf oder Rotwild, zu geteilten Hufen umgebildet.

Bei der Gehbewegung setzt das Pferd die Beine über Kreuz, d. h., auf jeder Körperseite wird abwechselnd jeweils ein Vorder- und ein Hinterbein nach vorn gesetzt. Tiere, die sich so bewegen, werden als *Kreuzgänger* bezeichnet (Schaf, Rind, die meisten heimischen Wildarten). Elefanten, Giraffen und Kamele setzen beide Beine der linken Körperhälfte abwechselnd mit beiden Beinen der rechten Körperhälfte vorwärts. Sie sind *Paßgänger.*

Zum Ziehen muß das Pferd seine Schubkraft nach vorn verlagern. Zur Vorwärtsbewegung stemmen die Beine die eisenbeschlagenen Hufe mit großem Kraftaufwand gegen den Boden.

Beim Weidegang wechselt die Haltung ungezwungen zwischen dem ruhigen Grasen und dem leichten Trab. Galopp und Sprung sind Bewegungsformen, bei denen beide Vorderbeine und die Hinterbeine nahezu parallel ausgreifen. Diese Haltung der weit nach vorn und hinten gestreckten Läufe wird gern vom Schnitzer genutzt, um die wilde Hatz der Tiere bei der Jagd zu erfassen.

Gangarten des Pferdes beim Ziehen von Lasten – Traben – Galoppieren – Springen.

Schnitzen springender Tiere

Beim Aufzeichnen »springender« Tiere auf das Holz ist die Faserrichtung so zu wählen, daß sie mit den schmalen Beinen längs verläuft. Für das Geweih des Hirsches, das möglichst bruchsicher gestaltet werden muß, bohrt man vor dem Ausschneiden der Umrisse zwischen den emporgerichteten Enden mit dem Holzbohrer ein. Vorsichtig wird dann mit der Feinsäge das zwischenstehende Holz herausgelöst. Es ist zu empfehlen, das Holz zwischen den beiden Geweihstangen nicht längs zu durchbrechen, sondern es mit den Schnitzeisen so tief abzusetzen, daß die tiefe Furche den Eindruck erweckt, die beiden Formen seien getrennt. Da sie im Holz von unten noch miteinander verbunden sind, werden sie vor dem Abbrechen geschützt.

Für die im Sprung parallel gerichteten Beine braucht das Holz ebenfalls nicht durchbrochen zu werden. Von oben und unten eingekerbt, läßt die Wirkung von Licht und Schatten den Eindruck entstehen, die Formen seien voneinander getrennt.

Das Beschnitzen der aus dem Brett ausgesägten Formen geschieht in der bekannten Reihenfolge:
- Glattschneiden der Sägekanten.
- Schräganschneiden der Körperkanten, wodurch die Annäherung an den organischen Körperquerschnitt erfolgt und die Ansatzstellen der Körperglieder sichtbar werden. Die Zeichnung läßt den etwaigen Verlauf der Schnittflächen und -kanten erkennen.
- Räumliches Gliedern von Brustpartie, Hals und Kopf mit wenigen großflächigen Schnitten.
- Die Beine auf Kante schneiden und einkerben.
- Das Geweih vom Kopfansatz und von der vorderen Sprosse her kantig so zuschneiden, daß die Enden, die im Querholz stehen, von unten her fest verbunden sind.

Eine naturalistische Nachbildung wird nicht angestrebt. Bei kleineren Nachbildungen des springenden Hirsches können die Geweihstangen vereinfacht auch einzeln geschnitzt und eingeleimt werden.

Für die weiteren Tiere, die am Jagdgeschehen beteiligt sind, verlaufen die Arbeitsgänge des Schnitzens ähnlich wie beim Hirsch. Beim Kantigschneiden ist der besondere Ausdruck der jeweiligen Körperform anzustreben.

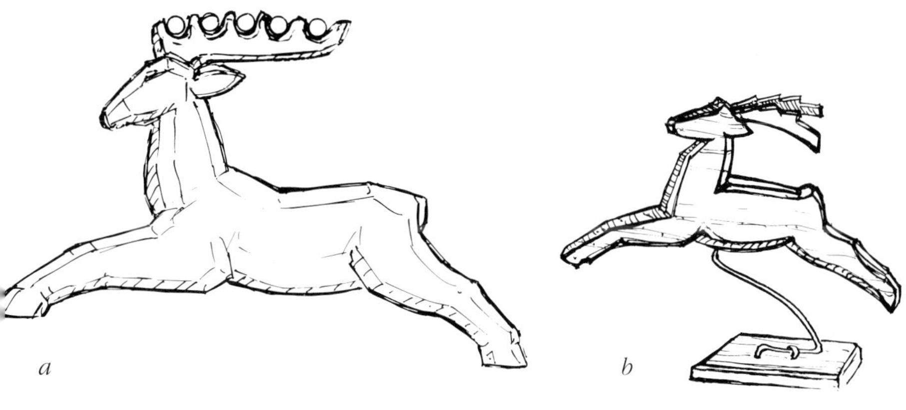

a *b*

Springender Hirsch. Werkzeichnung.
ca. 12 cm lang. Geweih aus dem Stück in Faserrichtung.
b 4 cm lang. Geweihstangen vereinfacht, einzeln geschnitzt, in den Kopf eingesetzt. Körper auf federnden Draht gesteckt.

Arbeitsschritte beim Schnitzen eines springenden Hirsches:
- *Umrisse ausgesägt. Bohrungen für das Ausarbeiten der Geweihspitzen sichtbar.*
- *Nach der detaillierten Zeichnung der Seitenansicht sind die körperbildenden Kanten zu schnitzen und die Flächen am Hals und am Kopf zurückzusetzen.*
- *Hirsch fertig geschnitzt und mit Wasserfarben lasierend bemalt.*

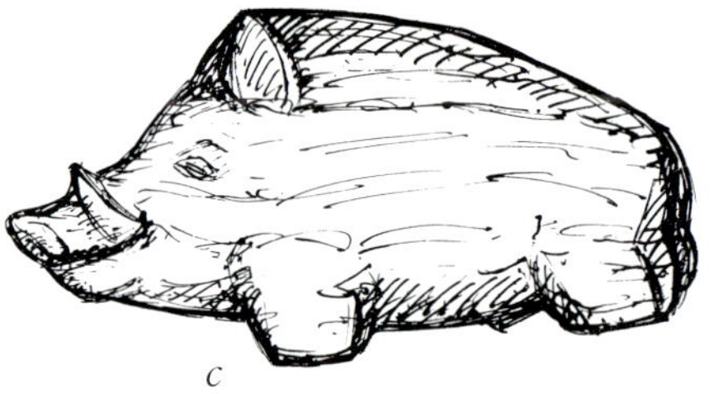

c

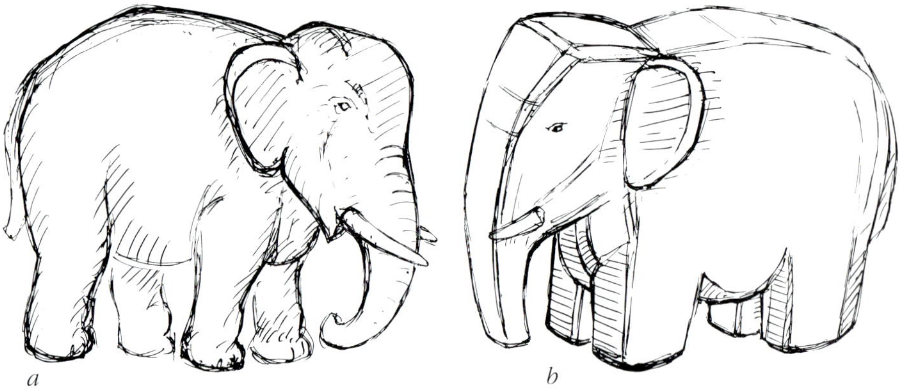

a *b*

Elefant, Zeichnung
a Naturnahe Form.
b Blockhaft vereinfachte Form, die den Eindruck imposanter Körpermasse erweckt. Entwurf für Spielzeug.
c Keiler. Werkzeichnung, Seitenansicht.

Werner Pflugbeil: Hirsch, von Hunden gehetzt. Linde, Höhe 30 cm, 1956.
Das vertiefte Relief eines historischen Lebkuchenmodels wurde in einem Lehrgang für Schnitzmeister als Vorbild für die Gruppe der flüchtenden und der verfolgenden Tiere verwendet.

7.4 Tiere aus dem Block

Sollen Tiere geschnitzt werden, die ihren charakteristischen Ausdruck durch große Körpermasse oder in ausgreifenden Bewegungen der Glieder erhalten, so genügt das Brett als Ausgangsform nicht. Der Holzblock setzt seine besonderen Bedingungen für das Gestalten der Tierform. So ist es nicht angängig, Tierfiguren aus Glas oder Porzellan in Holz zu kopieren, weil die Technologie der Porzellanherstellung zu einem ganz anderen Formcharakter führt, als das beim Abtragen aus dem Block und Eingehen auf die Eigenschaften des Holzstückes möglich ist. Die Gestaltung in Holz hat ihren eigenen Charakter und ihre eigene Schönheit, die durch schnittige Flächen und Kanten zur Wirkung kommt.

Tiere von imposanten Ausmaßen verlieren in maßstabsgerechter Verkleinerung diesen Eindruck von Größe. Was uns an diesen Tieren in der Natur beeindruckt, ist die gewaltige *Masse* ihrer Körper. Bereits an Zeichnungen wird deutlich, daß massive Größe ausgedrückt werden kann, wenn die Körperglieder viel massiver in die Umrißform eingesetzt werden, als es bei maßstäblicher Verkleinerung erforderlich wäre. Aus dem Block wird von der Masse des Holzes nur so viel abgetragen, daß die typische Form der schwergewichtigen Tierart erkennbar wird. Anstelle des Lindenholzes sind Arten mit charakteristischer Maserung besser geeignet, wenn massive Tiere gestaltet werden sollen. Tierfiguren, bei denen durch einfühlsame Oberflächenbehandlung der Charakter der Maserung mit der Wesensart des Tieres übereinstimmt und bei denen die Form auf Wesenhaftes reduziert wurde, fügen sich gut in den modern gestalteten Wohnraum ein.

Nicht nur aus Kantholz lassen sich massive Tierformen herausschnitzen. In Astabzweigungen, Wurzelstubben und Spaltstücken sind mit etwas Phantasie Tiergestalten zu entdecken, die nach dem Herauslösen aus der umhüllenden Holzmasse mit dem Reststück zu ausdrucksstarker Form zusammengewachsen sind. Aus dem abzweigenden Ast schält das Schnitzeisen einen Specht heraus. Am Spaltteil eines Wurzelstubbens formt das Messer eine Eidechse, die sich in der wärmenden Sonne räkelt. Am abgespalteten Stamm klettert ein Eichhörnchen empor … Die Anregungen dazu findet der Schnitzer in der Natur.

Neben diesem fast spielerischen Erarbeiten von Formen, die einmalig und nur im Holz möglich sind, erweist sich das Schnitzen von Tieren, die

Räumliche Drehung der Tierkörper. Draufsicht.
Wenn Vierbeiner den Kopf wenden und sich in der Längsachse drehen, sind sie in der Seitenansicht nicht mehr eindeutig zu erfassen. Becken, Schulterpartie und Kopf weisen räumlich in verschiedene Richtungen. Die Wirbelsäule verbindet die festen knöchernen Teile. Die Beinstellung ist meist über Kreuz.

Keiler. Fichte gebrannt. Höhe 6,5 cm, 1965.
Die urwüchsige Kraft eines Wildschweines käme bei einer maßstäblich verkleinert geschnitzten Wiedergabe nicht zum Ausdruck. Die Körperglieder sind verstärkt in die Umrißform eingebunden, wodurch der Eindruck massiver Kraft des Tieres entsteht. Die durch das Brennen mit der Gasflamme und Ausbürsten der verkohlten Holzzellen entstandene plastische Oberflächenstruktur verstärkt den Charakter des Animalischen.
Die weichen Zellen der Frühwuchs-Schichten erscheinen vertieft und um so heller, je stärker sie beim Ausbürsten abgetragen werden. Wenn großflächig beschnitzte Hölzer mit starker Maserung gesandelt *(im Gebläse angestrahlt) werden, so tritt die Maserung ebenfalls plastisch hervor. Alle Schichten erhalten einen gleichmäßig trüben, grauen Farbton.*

den Kopf wenden oder bei schönen Bewegungen die Körperachsen aus der Längsmittelachse drehen, als Arbeit, die sehr bewußt ausgeführt sein will.

Sollen beispielsweise in einer Tiergruppe Muttertier und Kalb sich einander zuwenden, so ist der organische Zusammenhang der Körperglieder durch die Wirbelsäule zu beachten. Die Wirbelsäule ist für den plastischen Aufbau des Tierkörpers – wie beim Menschen – die Leitlinie. Die Achsen der Becken- und der Brust-Schulter-Partie stehen quer zur Wirbelsäule, und bei der Körperdrehung verändern sie sich demzufolge mit dem Grad der Krümmung. Die Sicht von oben läßt dies – wie im Schema auf Seite 109 – am besten erkennen.

7.5 Vögel schnitzen

Schwimmvögel

Schwimmvögel wie Enten, Schwäne und Gänse sind bei den Schnitzern besonders beliebt. In seenreichen Gebieten werden sie in natürlicher Größe geschnitzt und als Lockvögel genutzt.

Beim Schnitzen schwimmender oder sitzender Tiere entfällt die Schwierigkeit, die Beine mitzuschnitzen. Der relativ große Rumpf und der geschwungene Hals lassen sich in der Form leicht erfassen. Der Rumpf gleicht einem Lastenkahn, der mit breiter Unterlage auf dem Wasser lagert.

Der Schnabel der Ente ist breit und flach. Er unterscheidet sich von denen des Schwanes und der Gans. Mit Hals und Schnabel lassen sich die verschiedenen Schwimmtiere am deutlichsten unterscheiden. Eine Biegung aus der Längsachse gibt dem geschnitzten Tier einen lebendigen Ausdruck. Die typische Haltung beim Schwimmen ergibt eine schön geschwungene Profillinie des Halses und des erhobenen Kopfes. Dessen leichte Schrägstellung schafft einen Raumeindruck mit leichten Überschneidungen. Wenn das Tier den Hals nach hinten wendet, um die Federn zu fetten, werden die dynamischen Formteile an die ruhende Form des Rumpfes gebunden.

Vor dem Anfertigen der Werkzeichnung und dem Ausarbeiten aus dem Holz empfiehlt es sich, in einer plastischen Skizze aus Ton oder Knetmasse eine Haltung zu erproben, die sowohl Ihre Empfindungen zum Tier zum

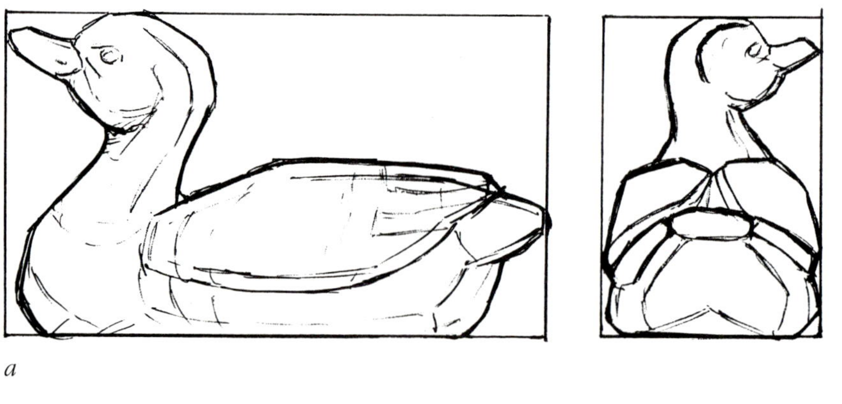

a

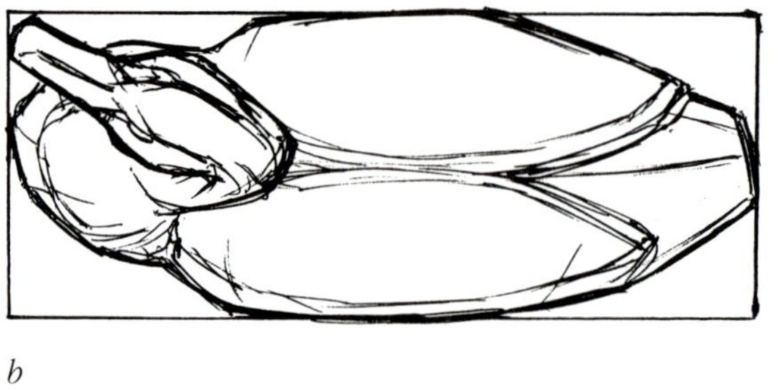

b

c

Schwimmente (Erpel der Stockente), Werkzeichnung.
a Seitenansicht, Draufsicht und Rückansicht zeigen den Rumpf und die räumliche Drehung von Hals und Kopf.
b Die Beweglichkeit des Halses wird sichtbar, wenn die Ente das Gefieder fettet.
c Das farbige Federkleid, Zeichnung in Schrägansicht.

Profil von Kopf und Schnabel bei Ente, Gans und Schwan.

Ausdruck bringt als auch eine sichere Orientierung für das Abtragen der Holzmasse gibt.

Nach der plastischen Skizze fertigt man die Werkzeichnung. Auf langfaseriges Holz, eventuell Linde, wird die Werkzeichnung aufgetragen. Die Fasern sollen quer laufen. An der Biegung unter dem Hals bohrt man vor dem Aussägen der Seitenansicht mit 3 bis 4 mm vor.

Beim Abtragen der Breite um Hals und Kopf zeichnet man von der Rückansicht und der Draufsicht her vor, um die Drehung des Halses und die Schrägstellung des Kopfes zu erfassen. Mit Hilfe der Werkzeichnung lassen sich die Richtungen der schrägen Flächen und Kanten bestimmen, die bei der Kopfform mit dem kantigen Schnabel und bei der Begrenzung der Flügeldecke die typische Form der Schwimmente bestimmen.

Beim Schnitzen anderer Arten geht man analog vor. Werden die Vögel in natürlicher Größe geschnitzt, so empfiehlt es sich, den Rumpf von der Bodenfläche her wie eine Schale auszuhöhlen und dabei auf etwa gleiche Wandstärke zu achten.

Nach dem Schnitzen wird der Körper, dem Federkleid der Tierart entsprechend, bemalt. Für den Erpel der Stockente werden die schillernden Töne lasierend mit Aquarellfarben angelegt und die feinfaserigen Kanten der Federn mit Deckfarbe und nahezu trockenem Borstpinsel darübergestrichen. Die Oberfläche wird noch mit einem stumpfen Lack vor Verwitterungseinflüssen geschützt.

Hahn

Im Sprichwort, in der Volksdichtung und in der bildenden Kunst spielt der Hahn eine große Rolle. Da in der Folklore einige seiner Eigenschaften, wie die sprichwörtliche Fruchtbarkeit, die Streitsucht oder das Gockelhafte, auf Verhaltensweisen des Menschen übertragen werden, wird er auch gern als Motiv für das Schnitzen in Holz gewählt, wobei die eine oder andere Eigenschaft des Tieres bei der Gestaltung bevorzugt wird.

Beim Schnitzen entsteht das Problem, die schöne Form des großen Körpers auf dünnen Beinen mit der dem Werkstoff Holz zumutbaren Belastbarkeit zu vereinigen.

Die Schemazeichnung von seinem Körperbau läßt erkennen, daß beim Hahn der Oberschenkel mit dem Knie fast in der Mitte des Rumpfes liegt. Der Unterschenkel steckt ebenfalls noch ein ganzes Stück im Rumpf, davor ist die von Muskeln und Federn umkleidete Keule sichtbar. Der mit der Ferse beweglich verbundene Lauf ist der lang ausgebildete röhrenförmige Mittelfußknochen. Die Zehen sind mit Krallen versehen. Über der vierten, nach hinten gerichteten Zehe setzt noch der Sporn an. Mit den dünnen Beinen kann der Hahn, wie alle Vertreter seiner Art, das Körpergleichgewicht in allen Lagen halten.

Vom Rumpf mit ziemlich starren Wirbelkörpern erhebt sich der bewegliche Hals. Die unteren bunten Federn umhüllen ihn wie ein Spitzenkragen. Den Kopf krönt der gezackte fleischige Kamm. Am Unterschnabel hängen zwei Hautlappen von gleicher rosiger Farbe wie der Kamm.

Die Schwanzwirbel bilden die Basis für den dachförmigen Schwanz, der von den sichelartig geschwungen, schillernden Federn überdeckt wird.

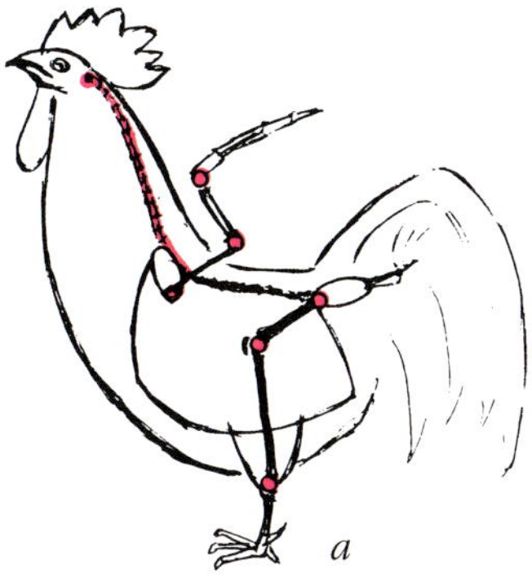

a

b

c

Hahn
a Körperbau, Schema des Bewegungsapparates an Wirbelsäule, Kopf, Schultergürtel, Becken. Im Schultergelenk lagern die Flügel (Oberarm, Ellbogengelenk, Elle und Speiche, Handwurzel und Hand mit je nur zwei Fingern und dem Daumen). Flügelknochen und -muskulatur bilden die Basis für die Flugbewegung wie für das Einfalten der Flügel. Am Becken das Hüftgelenk, davon ausgehend Oberschenkel, Knie, Unterschenkel, Fußgelenk mit Sporn, je drei Zehen nach vorn und einer nach hinten gerichtet.
b Werkzeichnung, Seitenansicht.
c Rückansicht mit Querschnitt des Rumpfes.

Fink aus Linde, mit Wasserfarben bemalt, natürliche Größe.
Von einem Waldkirchener Spielzeugschnitzer um 1940. Der leicht gedrehte Rumpf ist großflächig geschnitzt. Die Form – flacher Keil des Schwanzes und Bewegung des Körpers bis zum Kopf hin – läßt das Sitzen des grazilen Tieres als flüchtigen Moment erscheinen. Das wird von der Stellung der aus Stahldraht eingefügten Beine unterstützt.

Vom Brustbein mit dem Schulterblatt aus setzen die Vordergliedmaßen, die Flügel, an. Beim Hahn sind sie verhältnismäßig kurz und gewölbt. Meist sind sie eingefaltet; sie liegen am Rumpf an. Die kräftigen Deckfedern bilden eine sehr dekorative Zone.

Beim Schnitzen wird man die Haltung erfassen, mit der der Hahn als »Herr des Hühnerhofes«, stolz mit erhobenem Haupt, sein Reich überschaut. Der Körper ruht im Gleichgewicht über den Beinen.

Schnitzen

Die Entwurfszeichnungen lassen verschiedene Möglichkeiten der Form beim Schnitzen zu. In kleinerem Maßstab – Höhe bis etwa 15 cm – kann das Tier großformig aus gemasertem Holz geschnitzt werden. Die Wirkung der angeschnittenen Maserung läßt sich eventuell mit farbigen Kanten ergänzen. Große Figuren gestaltet man in der Oberfläche so, daß bei wenig gemasertem Holz die dekorativen Zonen der Federn mit entsprechenden Schmuckformen reliefartig beschnitzt werden oder das Federkleid insgesamt farbig gestaltet wird, wie am Beispiel des Erpels beschrieben wurde.

Nach der Werkzeichnung in Seitenansicht wird der Umriß ausgesägt. Wegen der verhältnismäßig dünnen Beine, die man am besten in Pyramiden- oder Kegelform in massives Holz einbindet, nimmt man die Faserrichtung senkrecht. Schnabel, Kamm und Lappen müssen etwas verstärkt werden.

Beim Herausarbeiten der Körperformen geht man am besten vom Rumpf aus, auf dem die Deckfedern der Flügel aufliegen. Deren Oberfläche nimmt die größte Dicke im Holz ein. Von da aus läßt sich die Verjüngung zum Schwanz hin schneiden.

Der Hals verjüngt sich von der Brust aus zum Kopf hin. Die geschwungene Form läuft in der Spitze des Schnabels aus. Die Figur wirkt besonders dann, wenn sie in großen, nach außen gewölbten Flächen angelegt ist, die ohne Unterhöhlung miteinander verbunden sind, wodurch die Holzmaserung ganzheitlich zur Wirkung gelangen kann.

Die Beine, die in eine massive Form eingebunden werden, die als Basis für den festen Stand der Figur dient, können reliefhaft aufgelegt geschnitzt oder auf die flache Oberfläche des Sockels gemalt werden.

Ein *Fink* in natürlicher Größe ist ein Beispiel, wie sich Waldbewohner in der Winterzeit die beliebten Singvögel – in geschnitzter Form – ins Haus geholt haben. Die Beine aus Draht sind in den geschnitzten Rumpf eingesetzt. Sie geben, in Verbindung mit der leichten Drehung des Kopfes und den großen gewölbten Flächen des Körpers im Kontrast zum flachen, spatelförmigen Schwanz, der Figur den Eindruck spontaner Bewegung. Die beschriebenen Beispiele regen an, auch andere Vogelarten nach persönlichen Vorstellungen zu schnitzen. Die Schemazeichnung des Hahnes verdeutlicht die Mechanik der Flügel. Werden fliegende Vögel geschnitzt, so läßt sich das äußere Bild der gespreizten Flügel von dem darunterliegenden Knochenbau und der Wirkung der Gelenke ableiten.

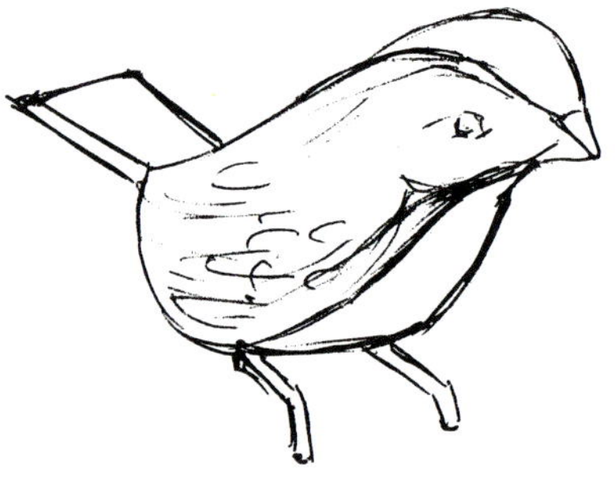

Fliegende Vögel.
Sollen Vögel mit geöffneten Flügeln geschnitzt werden, so sind die einzeln geschnitzten Flügel im entsprechenden Winkel in den gestreckten Rumpf einzudübeln.

8 Die Technik des Schnitzens und Figurendrechselns

8.1 Materialkunde Holz

Handelsformen – Eignung

Für das Schnitzen eignen sich alle Teile des Baumes, besonders der Stamm, als Spalt- oder Schnittholz, Äste und Wurzelstubben und auch die Rinde und die Bastschichten.

Im Sägegatter wird der Stamm zu den handelsüblichen Abmessungen aufgeschnitten. Neben dem Halbstamm, der im Gatter durch den Mittelschnitt längs durch die Markröhre entsteht, nutzen viele Schnitzer das Holz gespaltener Stämme. Das Spalten oder Aufschneiden ist erforderlich, weil der Stamm im Trockenprozeß sonst Riße erhält. Soll er als Ganzes für größere Schnitzarbeiten verwendet werden, so muß der Kern ausgebohrt oder der Stamm in Viertel geschnitten und wieder verleimt werden.

Bohlen und Bretter sind für figürliches Schnitzen in den verschiedenen Abmessungen erhältlich. Für kleinere Figuren und Spielzeug lassen sich auch Reste und Abfallstücke aus der Werkstatt des Schreiners oder vom Holzhändler nutzen.

Vierkantstäbe werden aus dem Brett geschnitten. Daraus werden durch maschinelle Weiterverarbeitung Rundstäbe verschiedener Durchmesser gefertigt, die zum Schnitzen oder Drechseln kleiner Figuren verwendet werden können.

Von vielen Schnitzern wird nur das Holz der *Linde* geschätzt, weil es sehr weich ist und sich gegen die Faserrichtung schneiden läßt. Kunsthandwerkliche Einflüsse haben zur weitverbreiteten Meinung geführt, die Schnitzwerke müßten aus rein weißem Holz sein, in dem keine Maserung die Form »störe«. Eine wesentliche Seite des Schnitzens wird damit entwertet: Maserung und Farbe des edlen Werkstoffes Holz in der Gestaltung zur Wirkung zu bringen und für die Aussage zu nutzen. Das weiche Material ohne besonderen Reiz hat viele Schnitzer dazu verführt, mit einkerbenden Schnitten die Form der Figur zu zerstückeln, sie in Einzelheiten aufzuspalten, so daß der gestalterische Zusammenhang verlorengeht. Die leichte Bearbeitbarkeit spricht dennoch für die Verwendung des Lindenholzes beim Schnitzen von Kleinfiguren, wenn es bemalt oder die Oberfläche mit dem Werkzeug formgebend bearbeitet wird. Die sauber geschnittene Oberfläche ist für lasierendes und deckendes Bemalen wie Färben und Beizen gut geeignet. Die von der Holzstruktur her schmucklose Oberfläche kann durch Einkerben mit Schmuckkanten belebt werden. Beide Verfahren, das Lindenholz mit Dekorstreifen zu überziehen und Farbe aufzutragen, auch Teile der Oberfläche zu vergolden, sind von der Altarschnitzerei her bekannt.

Von den anderen Laubholzarten lassen sich *Pappel, Erle* und *Birke* verhältnismäßig leicht bearbeiten. Die Maserung und die Poren der Birke geben besonders für das Gestalten von Tieren einen taktilen Oberflächenreiz. *Rüster, Esche* und *Eiche* setzen dem Werkzeug einen größeren Widerstand entgegen. Der Charakter der Holzmaserung verlockt dazu, figürliche Kleinskulpturen aus diesen edlen Hölzern zu gestalten.

Für Drechselarbeiten und großformiges Schnitzen wie auch für die Spielzeuggestaltung läßt sich die Maserung unserer heimischen Nadelhölzer *Fichte, Kiefer* und *Lärche* ausdruckgebend einsetzen, wenn dünne Teilformen in

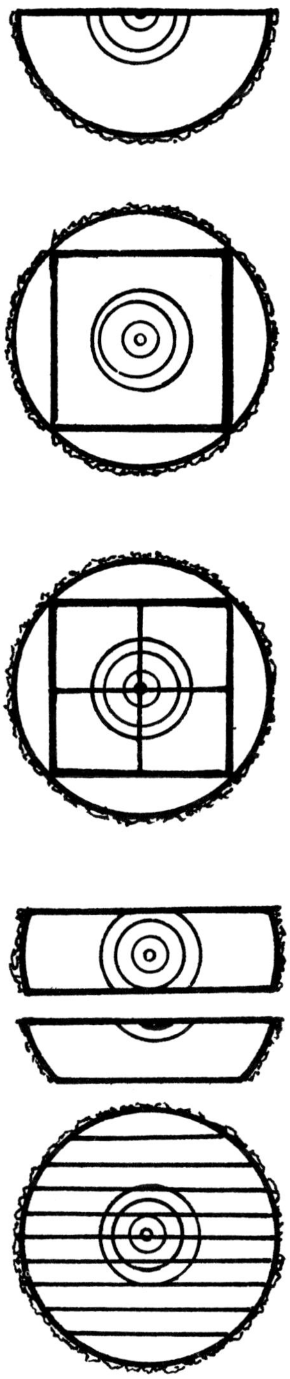

Schnittholz. Im Sägegatter werden die Stämme zu Schnittholz verschiedener Abmessungen verarbeitet:
a Halbstamm
b Ganzholz
c Viertelholz
d Bohle aus der Stammitte
e Bohle, rechte Seite mit Kernholz, linke Seite Splint
f Stamm, zu Brettern geschnitten

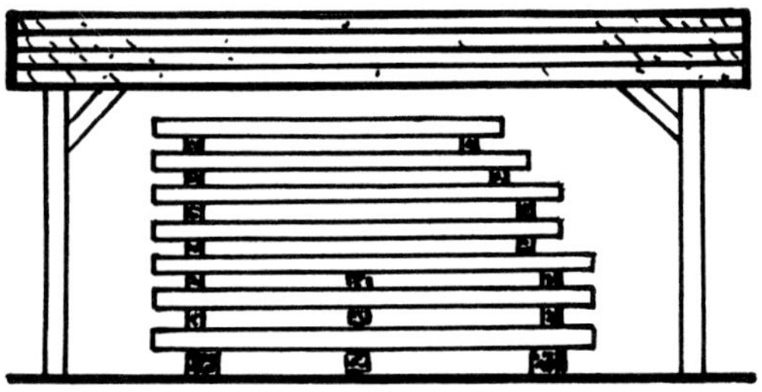

Lagern des Holzes zum Trocknen.
Für den natürlichen Trockenprozeß wird das Holz überdacht und luftdurchlässig gelagert. Stapelhölzer werden, nicht weiter als 10 cm vom Brettende entfernt, zwischengelegt.

Bretter an den Kanten verleimen:
Kern an Kern, Splint an Splint.

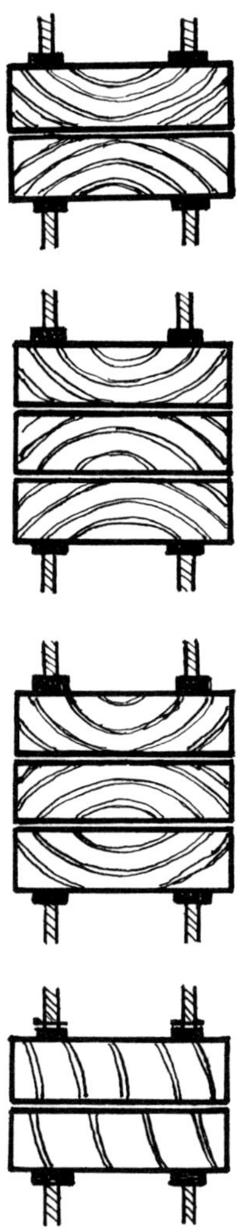

Bohlen zum Block verleimen.
Zwei Bohlen: linke Seite auf linke Seite.
Drei Bohlen: links auf links, die dritte links auf die rechte Seite der oberen;
oder: links auf links, die dritte rechts auf die rechte Seite der oberen.
Stehende Jahresringe leimt man aneinander.

Faserrichtung verlaufen. Vom Brett des Kiefern- und Fichtenholzes, auch von der Linde, lassen sich mit Messer oder Beitel leicht flache Stücke abspalten, aus denen die Teile geschnitzt werden können, die an die gedrechselten oder aus dem Rundstab geschnitzten Kleinfiguren angesetzt werden.

Lagern und Trocknen des Holzes

Wer die Möglichkeit hat, einen Vorrat an Hölzern zu lagern, wird sie so stapeln, daß alle Flächen der Bretter und Bohlen luftig liegen. Das Holz gibt nach dem Fällen des Baumes das ursprünglich zum Wachsen erforderliche Wasser an die umgebende Luft ab. Bei natürlichem Trocknen gilt als Faustregel: Für jeden Zentimeter Brettstärke rechnet man etwa ein Jahr Trockenzeit. Durch die Wasserabgabe verändern sich die Holzzellen in ihrer Größe. Dadurch verliert das Holz an Gewicht, es verändert seine Form. Vor allem die weichen Schichten verlieren an Volumen. Es entstehen Spannungen. Durch Schwinden an einer Seite des Brettes krümmt es sich; Risse entstehen.

Bretter, wenn sie nicht künstlich darrtrocken gemacht wurden, so daß keine Gewichtsabnahme und Formveränderung mehr eintritt, lagert man zum Trocknen überdacht. Zwischen jede Brettschicht werden Stapelhölzer gelegt, so daß die Luft hindurchstreichen kann. Da die Bretter so weit einreißen, wie das Stapelholz von der Stirnseite entfernt ist, legt man die äußeren Stapelhölzer nicht weiter als 10 cm von jeder Stirnseite entfernt. Bei längeren Brettern werden eventuell weitere Stapelhölzer dazwischengelegt, um das Durchbiegen bzw. Verkrümmen zu verhindern.

Anlegen der Grobform

Zuschneiden des Rohlings

Der Block oder das Brett ist immer etwas größer zuzuschneiden als die Maße in der Werkzeichnung. Das ist einerseits erforderlich, weil beim Schnitzen durch Fehler im Holz Korrekturen notwendig werden und dann die Form insgesamt nachzusetzen ist, vor allem aber, weil die flächige Zeichnung stets größer als die dreidimensionale Figur erscheint.

Bohlen und Bretter verleimen

Wenn zwei Bretter oder Bohlen übereinandergeleimt werden müssen, um die nötige Dicke des Werkstückes zu erhalten, dann sucht man Stücke mit etwa gleich dichter und in der Richtung gleichlaufender Maserung aus.

Zu beachten:

Man verleimt bei zwei Bohlen die linke Seite gegen die linke Seite. Dadurch wird dem stärkeren Schwinden der Zellen auf den linken Seiten entgegengewirkt und ein Auseinanderklaffen an der Leimfuge verhindert.

Stehende Jahresringe können ohne Gefahr des Aufreißens übereinandergeleimt werden.

Wie drei Bohlen zu verleimen sind, läßt sich aus dem Dargestellten ableiten. Die Schemazeichnungen verdeutlichen dies.

Aussägen der Umrisse

Für nicht zu große Figuren lassen sich die Umrisse in Vorder- und Seitenansicht aussägen. Bei Tieren genügt es oft, die Formen nur nach der Seitenansicht auszuschneiden; die sich verjüngenden Flächen und Kanten in der Draufsicht lassen sich leicht mit den Schnitzeisen zurücksetzen.

Herausschlagen der Form mit Eisen und Klöpfel

Von Stämmen oder großen Werkstücken wird die überstehende Holzmasse meist mit breiten Eisen abgearbeitet. Die Eisen werden mit der linken Hand sicher in Arbeitsrichtung gelenkt; die rechte führt die Schläge mit dem Klöpfel aus. Um die Übersicht über die entstehende Form zu behalten, müssen die absplitternden Teile immer durch einen leichten Schlag in Gegenrichtung sauber abgelöst werden. Das Abtragen des Holzes mit den Schnitzeisen hat den Vorteil, daß man nicht auf zwei Ansichten festgelegt ist, sondern die Form allseitig aus dem Stamm oder Block herauswachsen lassen kann. Ein Zurücktreten oder Umschreiten, bei kleineren Werkstücken Drehen, verhilft zum Überblick über den Gesamtzusammenhang der Teilformen.

Das Abtragen des Holzes erfolgt zweckmäßigerweise in mehreren Schichten. Nachdem im ersten Arbeitsgang die großen Formen herausgelöst worden sind, wird bei der zweiten Schicht bereits auf die Feinformen eingegangen. Dabei wird die abschließende Überschau über das Zusammenwirken der Teilformen und das differenzierte Gestalten der Oberfläche vorbereitet.

Drechseln

Durch das Drechseln wird die Arbeit bei der Formgebung des Figurenkörpers erleichtert. Das durch mechanischen Antrieb um die Längsachse rotierende Werkstück wird mit den Drechseleisen bearbeitet. Das rotierende Holz wird dabei gegen die Schneide des angehaltenen Drechseleisens gedrückt, wodurch die Holzfasern zerschnitten werden.

In der Drechseltechnik ist es möglich, Figuren zu gestalten, die nur aus Drehteilen bestehen, wie die Leuchterfiguren Bergmann und Engel (siehe Seite 23 ff), aber besonders im Seiffener Raum werden die Grundkörper der Figuren gedrechselt und beschnitzt und mit geschnitzten Teilen ergänzt.

Es lassen sich auch aus edlen Hölzern die Formen größerer Figuren drechseln und mit dekorativen Kanten und Flächen beschnitzen (siehe Seite 23 ff).

8.2 Werkzeugkunde Schnitzen und Drechseln

Schnitzwerkzeuge

Alle einfachen Schnitzarbeiten lassen sich mit dem *Schnitzmesser* ausführen. Es soll eine kurze Klinge haben und ein Heft, das man sicher in der Hand halten kann.

Für anspruchsvollere Schnitztätigkeit wird ein Satz *Bildhauereisen* oder -beitel erforderlich. Es empfiehlt sich, diesen selbst zusammenzustellen und nach Bedarf zu ergänzen.

Balleisen besitzen, wie Tischlerbeitel, eine flache, gerade Schneide. Das Balleisen wird verwendet, wenn größere Holzmassen abgeschlagen werden müssen. Mit ihm läßt sich im Stadium der Feinarbeit die Oberfläche der Figur leicht »ballig« (konvex) schneiden.

Flacheisen haben im Profil eine ganz flache Höhlung. Damit läßt sich eine ebene Oberfläche besser glattschneiden als mit dem Balleisen. Die leichte Wölbung verhindert das Einhaken in die Holzfasern und läßt nur ganz leichte Höhlungen in der Oberfläche entstehen. Diese, in einer Fläche eng aneinandergefügt, lassen die Maserung zur Wirkung kommen. Das Werkstück erhält den Reiz handwerklich geformter Arbeit.

Hohleisen haben einen größeren Krümmungsgrad der Schneide als die Flacheisen. Mit ihren verschieden großen Wölbungen lassen sich Höhlungen im Holz sauber ausarbeiten. Sie sind für das Gestalten von Dekorkanten anwendbar und für das Anlegen von Figuren, wenn an kleinen Flächen das Holz abzutragen ist.

Bohrer haben kleinere Durchmesser der Höhlung als die Hohleisen. Mit ihnen läßt sich bei richtigem Anschliff tief ins Holz bohren. Zwei winklig zueinander stehende Flächen lassen sich so miteinander verbinden, daß die Maserung in ihrem Verlauf sichtbar bleibt.

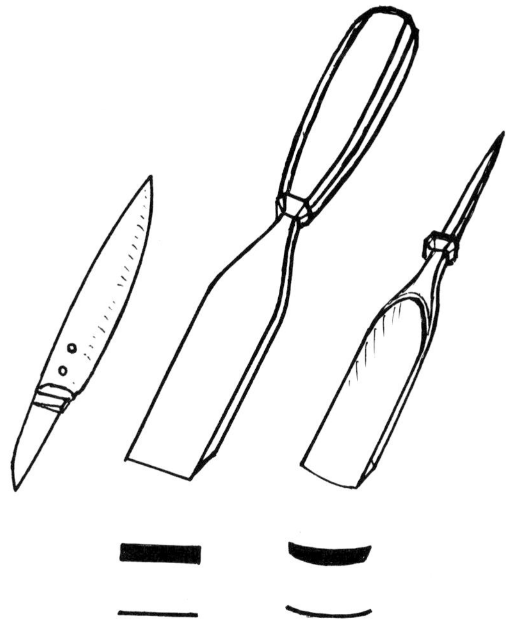

a *b* *c*

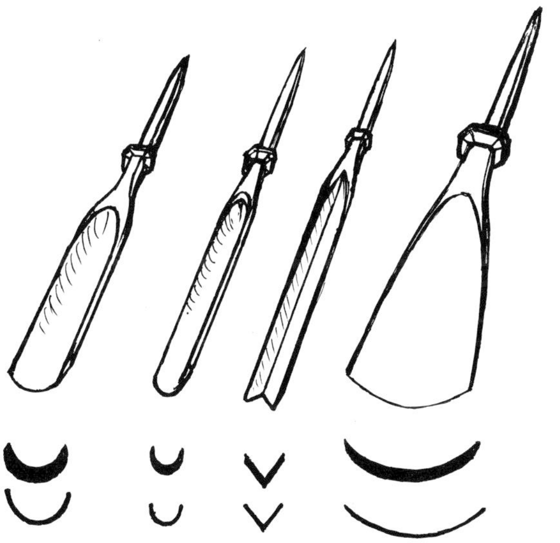

d *e* *f* *g*

Schnitzwerkzeug
a Schnitzmesser
b Balleisen
c Flacheisen
d Hohleisen
e Bohrer
f Geißfuß
g Schweizer oder Tiroler Eisen

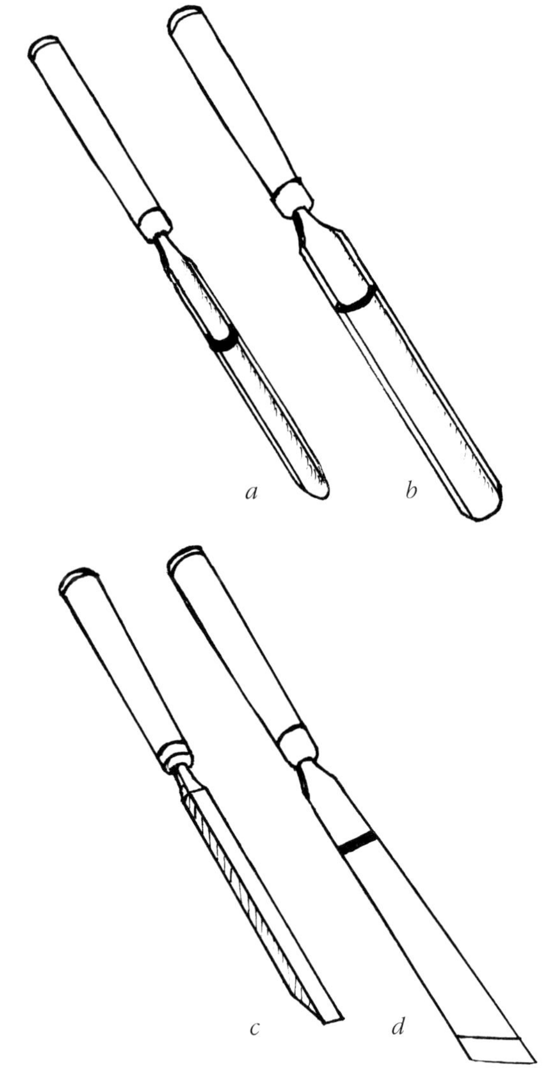

Werkzeug zum Drechseln
a Formröhre
b Schrupprohre
c Plattenstahl
d Flachmeißel

Schärfen des Werkzeugs
Beim Schärfen der Schnitz- und Drechseleisen wird der Stahl im spitzen Winkel so angehalten, daß ein Hohlschliff entsteht.

Geißfuß wird das Schneidewerkzeug genannt, bei dem die Schneide in V-förmigem Profil verläuft, wie die Zehen der Paarhufer. Da der Geißfuß zwei Formen voneinander trennt, wie zum Beispiel durch den tiefen Einschnitt zwischen den Beinen einer Figur, sollte dieses Werkzeug mit Vorsicht gebraucht werden. Bei unsachgemäßer Anwendung werden der Zusammenhang der Formen und die Wirkung der Maserung zerstört.

Schweizer Eisen, Tiroler Eisen sind Flach- oder Hohleisen mit breiter Schneide. Ihre Außenkanten laufen zur Angel hin spitz zu; sie verjüngen sich im Querschnitt. Mit ihnen lassen sich vorzüglich große Holzmassen vom Block abtragen.

Weiteres Werkzeug

Zu den Vorarbeiten werden übliche Holzbearbeitungswerkzeuge verwendet: Säge, Hobel, Stechbeitel, Bohrer und Ziehklinge, zum Messen der Tastzirkel, Zollstock und Schablonen. Zum groben Vorarbeiten kann der Klöpfel verwendet werden. Durch Schläge mit dem Klöpfel auf das obere Ende des Heftes des Schnitzeisens wird dessen Schneide gegen die Holzfasern getrieben.

Drechselwerkzeuge

Das Werkzeug zum Drechseln unterscheidet sich von den Bildhauereisen durch größere Länge, besonders der Hefte. Diese ist erforderlich, um die hohen, von der Maschine ausgelösten Schnittkräfte durch einen langen Hebelarm ausbalancieren zu können.

Für das Figurendrechseln im Langholz sind *Röhren* und *Meißel* am häufigsten zu verwenden. Röhren, auch Hohlmeißel genannt, haben einen gekrümmten Querschnitt. Die Schneide ist stärker abgerundet als bei den Hohleisen, die zum Schnitzen verwendet werden. Je nach dem Krümmungsgrad der Schneide, dem Durchmesser des Profils der Röhre und dem Anschliffwinkel unterscheidet man Schrupprohren und Formröhren. Die *Schrupprohre* wird zum Vordrehen der noch kantigen Werkstücke gebraucht. Mit der Formröhre dreht man fast alle geschweiften Formen. Für das Drechseln im Langholz wird der *Flachmeißel* verwendet. Mit dessen Schneide wird die Oberfläche der zylindrischen Walze geschlichtet, d. h. völlig glatt bearbeitet und auf genaues Maß gebracht, auch spitz oder konisch verlaufende Drehformen. Rundungen werden mit dem Bart des Meißels geschlichtet und auf Maß gearbeitet.

Zum Eindrehen der tiefliegenden »Platten« wird noch der *Plattenstahl* gebraucht.

Mit Röhren und Drehmeißel lassen sich vom Hobbydrechsler die meisten Arbeiten im Langholz ausführen. Über weiteres Werkzeug zu speziellen Drechseltechniken informieren die einschlägigen Fachbücher.

Schärfen des Werkzeugs

Scharfes Werkzeug ermöglicht saubere Arbeit, erfordert geringeren Kraftaufwand und vermindert die Verletzungsgefahr. Das Schleifen der hochempfindlichen Eisen am Sandstein, der im Wasserbad läuft, ist die sicherste Art, das Werkzeug zu schärfen. Beim Schleifen mit der Schmirgelscheibe besteht die Gefahr des Ausglühens der Schneide. Um das Verbrennen des Stahls zu vermeiden, darf die Schneide nur kurzzeitig mit mäßigem Druck an den rotierenden Schleifkörper gehalten werden. Ein häufiges Abkühlen im Wasserbad oder in Rohöl ist erforderlich.

Achtung: Nur mit Schutzbrille arbeiten!

Arbeitsgänge

– Die Fase des Werkzeugs für Weichholz ist länger, d. h. im spitzeren Winkel anzuschleifen als das für die Arbeit an härteren Hölzern. Für die Bearbeitung harter Hölzer hält man die Fase kürzer, wodurch das Ausbrechen der Schneide vermieden werden kann. Bei einem neuen Anschliff wird das Eisen so angehalten, daß die Rundung der Schleifscheibe eine leichte Höhlung der Fase erzeugt.
– Beim Schleifen entsteht an der Schneide ein Grat, der entfernt werden muß. Das geschieht mit dem Abziehstein oder an profilierten Schneiden mit Profilsteinen.
Achtung: Werden rotierende Filz- oder Textilscheiben mit aufgetragener Schleifpaste zum Feinschleifen verwendet, so ist die Schneide *in* Drehrichtung anzuhalten, sonst entstehen ernsthafte Verletzungen!
– Wenn der Grat von Ball-, Flach- oder Hohleisen entfernt ist, wird die hintere Kante der Hohlfase etwas zurückgeschliffen. Dadurch gleitet das Eisen besser ins Holz.
– Die größte Schärfe erhalten Messer und Beitel, wenn sie auf dem Streichleder oder auf dem Handballen abgezogen werden. Dieser Vorgang kann nach einer gewissen Abnutzung der Schneide wiederholt werden.

Fase im Hohlschliff
a für Weichholz
b für härtere Holzarten

Abschleifen der hinteren Kante der Hohlfase ermöglicht dem Werkzeug ein leichteres Eindringen ins Holz

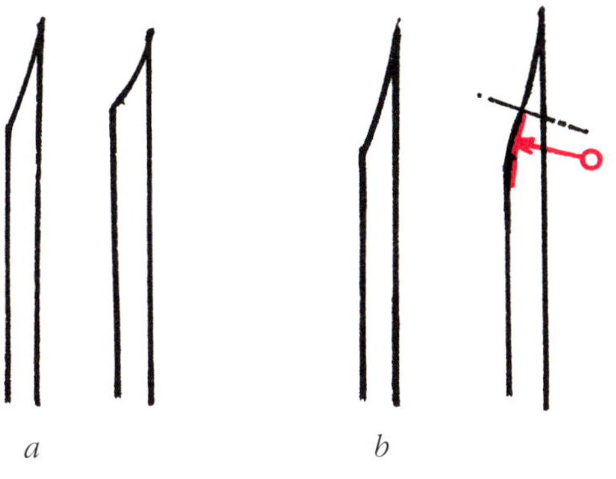

Schärfen von Geißfuß und Bohrern

Geißfuß und Bohrer haken ins Holz ein, wenn die oberen Schenkelenden nicht leicht abgerundet sind. Die V-förmige Schneide des Geißfusses verläuft nicht rechtwinklig zur Längsrichtung, sondern sie muß etwas nach hinten geneigt sein, zur Verbindungsstelle der beiden Schenkel des V hin. Die Außenkante an der Verbindung beider Schneiden ist besonders sorgfältig zu schleifen und nach hinten leicht abzurunden, so daß das Werkzeug ohne sich festzuhaken ins Holz schneiden kann.

Zierbohrer und Geißfuß erfordern besondere Sorgfalt beim Schärfen.
Die seitliche Kante der Schneide darf nicht im rechten Winkel zur Längsachse des Stahles stehen, sondern soll zum Inneren oder zur Verbindung beider Schenkel hin nach hinten geneigt sein. Die äußeren Ecken und der mittlere Grat der im Winkel zusammenstoßenden Hohlfasen müssen etwas abgerundet werden, damit das Werkzeug leicht ins Holz schneiden kann.

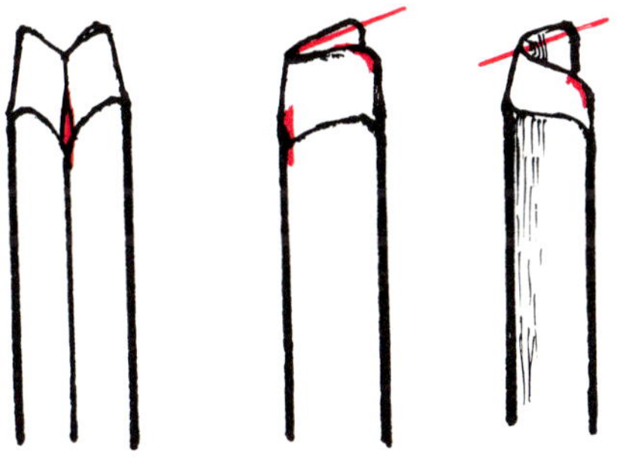

Schärfen des Drechselwerkzeuges

Drehmeißel
Der Drehmeißel wird dachförmig schräg angeschliffen. Durch gleich große, leicht hohl geschliffene Fasen entstehen drei Schnittstellen: die gerade, schräg stehende Schneide, die scharfe Spitze und der etwas stumpfwinkelige Bart.

Schrupppröhre – Formröhre
Bei den Röhren muß die Schneide rund nach hinten geschliffen werden, so daß mit ihr hohle Formen – Kehlen – aus dem rotierenden Holz geschnitten werden können. Bei der Formröhre ist die Schneide weiter nach hinten zu ziehen als bei der Schrupppröhre. Der Winkel der Schneide ist bei der Schrupppröhre stumpfer zu halten, weil auf sie hohe Schnittkräfte einwirken.

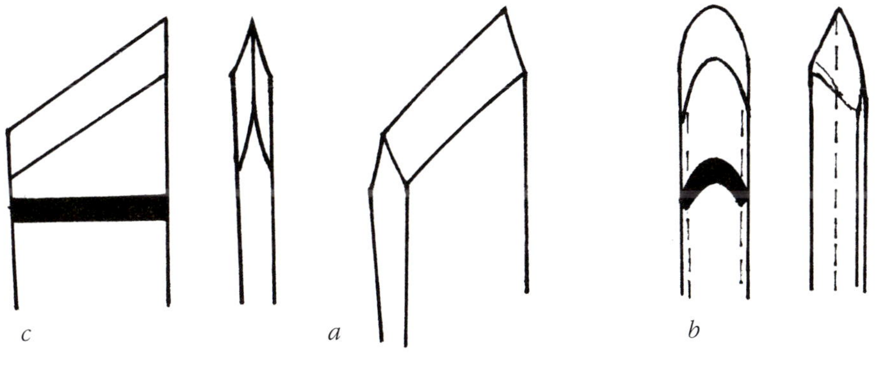

Schärfen des Drechselwerkzeugs
a Flachmeißel. Die Schrägansicht läßt die drei Stellen erkennen, die spezifisch zum Drechseln eingesetzt werden: Bart, Schneide und Spitze
b Formröhre. Seiten- und Rückansicht zeigen, wie die Schneide auf beiden Seiten rund nach hinten gezogen werden muß.
c Der Plattenstahl ist so anzuschleifen, daß sich sein Querschnitt von der vorderen platten Fläche mit der Schneide aus nach unten und hinten hin verjüngt, damit die Schneide ungehindert ins Holz eindringen kann.

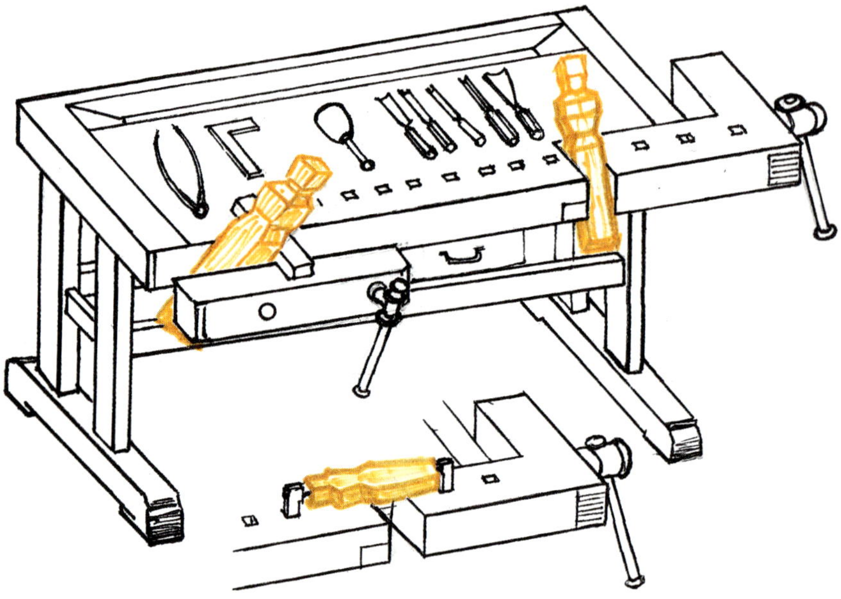

Spannmöglichkeiten an der Hobelbank.
Links: Spannen in der Vorderzange.
Rechts: In der Hinterzange sollte das Werkstück in einem solchen Blickwinkel gespannt werden, daß immer die ganze Form überschaubar ist. Eine feste Leiste als Unterlage verhindert, daß das Werkstück bei starkem Druck mit dem Werkzeug verrutscht.
Wird das Werkstück, flach auf der Bankplatte liegend, mit Bankhaken gefaßt, so sind Brettchen beidseitig zwischenzulegen. Auch bei selbstangefertigten Spannhölzern (mit einer Holzschraube können auch Leisten an den Stirnseiten gefaßt werden) läßt sich das Verletzen der Schneide am Metall vermeiden.

Spannwerkzeuge

Spannen des Werkstückes zum Schnitzen

Die meisten Arbeiten beim Figurenschnitzen werden erleichtert, wenn das Werkstück fest eingespannt ist. Beide Hände sind für die sichere Führung des Werkzeugs frei.

Die *Hobelbank*, auch als Kleinhobelbank oder Tischhobelbank erhältlich, läßt mehrere Möglichkeiten zu, das Holz fest einzuspannen. Zwischen Vorder- oder Hinterzange gefaßt, kann das Werkstück senkrecht stehen. Die Figur kann in den richtigen Blickwinkel gerückt werden, wenn sie am unteren Ende gefaßt und schräg gestellt wird. Mit einem stützenden Holz läßt sich ein Verrutschen verhindern, wenn beim Schnitzen starke Kräfte einwirken. Flach aufliegend, wird das Werkstück zwischen Bankeisen gespannt. Zwischengespannte Brettchen schützen das empfindliche Schnitzwerkzeug vor Beschädigung an den Bankeisen. Verwendet man Bankhaken, die man aus Buchenholz o. ä. und je einer Holzschraube selbst anfertigen kann, ist die Figur leicht um ihre Mittelachse drehbar.

Das Werkstück drehbar und im richtigen Blickwinkel fassen kann man mit dem *Schnitzwinkel*. Er kann zwischen die Zangen der Hobelbank, zwischen die Schraubstockbacken geklemmt oder auf einer Arbeitsplatte befestigt werden. Eine Figurenschraube, mit der das Werkstück von unten gefaßt wird, läßt sich selbst herstellen: Auf den Schaft einer Wiener Schraube, von der man vorher den Kopf abgesägt hat, wird Gewinde aufgeschnitten. Das Holzgewinde schraubt man in den Sockel der Figur. Der Schraubenschaft wird durch die Bohrung des Schnitzwinkels gesteckt und das Werkstück mit Flügelmutter und Unterlegscheibe fest gegen das Holz des Schnitzwinkels geklemmt. Nach Lockern der Mutter dreht man die Figur in die gewünschte Arbeitslage.

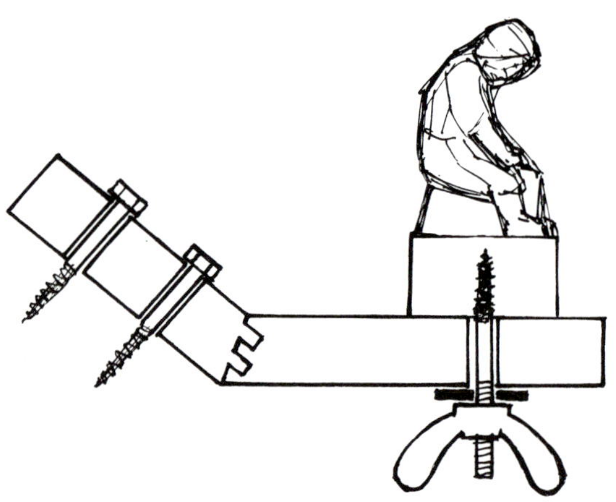

Spannen am »Schnitzwinkel«
Die Figur läßt sich nach Lösen der Flügelmutter in jede Arbeitsrichtung drehen.

Spannen des Werkstücks beim Drechseln

Auf der Heimwerkerdrechselbank lassen sich Rundstäbe bis 10 mm Durchmesser im Bohrfutter fassen. Daraus können die Grundkörper für Figuren bis etwa 6 cm Höhe ausgedreht werden. Für Miniaturfiguren, die bei Sammlern hoch im Kurs stehen, genügen oft kleinere Durchmesser der Stäbe.

Für das Drechseln von Figuren in größeren Ausmaßen, wie beispielsweise Bergmann und Lichterengel, gibt es mehrere Möglichkeiten, von denen die gebräuchlichsten hier genannt sind: Beim Ringfutter wird das Holz in die

Handhabung des Schnitzwerkzeugs – Arbeitsschutz
a Beim Schnitzen mit dem Messer muß darauf geachtet werden, daß alle Finger ***hinter*** *der Schneide zufassen.*
b Beim Schnitzen mit Bildhauereisen faßt die linke Hand den Stahl hinter der Schneide. Ihr Ballen liegt auf dem Holz auf und führt das Werkzeug in die Schnittrichtung. Die rechte Hand umschließt das Heft so, daß der Ballen durch den Schub auf das Ende des Heftes das Werkzeug mit der Schneide in das Holz führt.

Ringe eingeschlagen. Im Spundfutter klemmt man das Werkstück durch Schläge auf die Stirnseite in der konischen Bohrung fest. Die Unterstützung durch eine Mitnehmerspitze wird bei beiden Arten der Fassung des Werkstückes nicht erforderlich. Die Figuren können an Kopf und Fuß vollständig ausgedreht werden.

Beim Spannen der Käntel mit dem Dreizack oder mit einem Vierkantstift, auf den das angebohrte Werkstück aufgesteckt wird, muß eine Mitnehmerspitze in Richtung der Drehachse das Holz an der Gegenseite fassen. Beim Abstechen des Figurenkörpers muß um die Drehachse so viel Holz stehenbleiben, daß die Form nicht durchbricht und aus der Fassung geworfen wird. Nach dem Ausspannen wird das restliche Holz an beiden Enden mit Säge oder Messer durchgeschnitten und sauber verschnitzt.

8.3 Der fachgerechte Umgang mit Werkzeug und Maschinen

Sorgfältiger Umgang mit den scharfen Holzbearbeitungswerkzeugen ist erforderlich, wenn Verletzungen weitgehend vermieden werden sollen.

Schnitzen mit dem Messer

Dabei ist darauf zu achten, daß alle Finger *hinter* der Schneide zufassen. Das Werkstück soll nach Möglichkeit so lang belassen werden, daß es mit der linken Hand fest gehalten werden kann. Die rechte Hand, die das Messer umfaßt, schiebt dessen Schneide in das Holz. Dabei kann der linke Daumen den Schub verstärken. Beachten Sie: Alle Späne müssen durch einen kleinen Schnitt in Gegenrichtung sauber abgetrennt werden. Stehengebliebene, gerollte Späne verwirren; die Übersicht über den Formenverlauf geht verloren.

Schnitzen mit Bildhauereisen

Bei dieser Arbeit sind beide Hände an der Ausführung des Schnittes beteiligt. Das Werkstück muß fest eingespannt sein. Festhalten des Holzes mit der einen und unsicheres Führen des Schnitzeisens mit der anderen Hand führt zu Verletzungen. Die Linke stützt sich mit dem Ballen auf dem Werkstück auf, die Fingerglieder umfassen das Eisen und führen es in die Schnittrichtung. Die rechte Hand umschließt das Heft und schiebt mit dem Ballen das Werkzeug gegen das Holz. Beim Arbeiten mit gewölbten Eisen wird die Schneide während des Schnittes leicht gedreht, wodurch die Späne sauber abgelöst werden.

Drechseln am Langholz

Beim Drechseln ist besondere Vorsicht nötig. An dieser Stelle sind nur kurzgefaßte, grundlegende Arbeitsanleitungen möglich. Ein Studium einschlägiger Fachliteratur ist jedem Anfänger zu empfehlen. Die allgemeinen Maßnahmen für den Arbeitsschutz sind unbedingt zu beachten. Die technischen Fertigkeiten des Drechselns sollten in besonderen Kursen erworben werden.

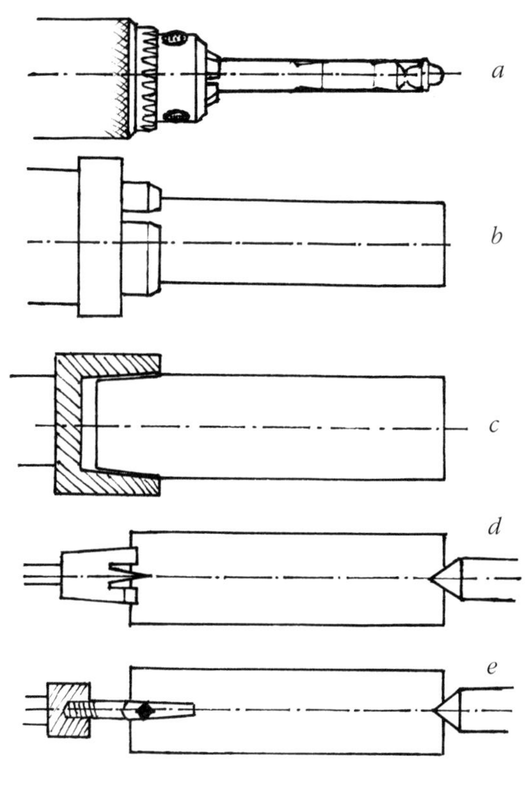

Spannen beim Drechseln im Langholz
a Rundstäbe bis 10 mm Durchmesser lassen sich im Bohrfutter fassen.
b Ringfutter. Das Werkstück wird in die zentrisch angeordneten Ringe eingeschlagen.
c Spundfutter. Das Holzstück wird beim Anschlagen in den konischen Spund festgeklemmt.
d Dreizack und Spitze
e Vierkantstift und Spitze

Führung des Werkzeugs beim Drechseln
a Runddrehen des Kantels mit der Schrupp-röhre
Die obere Kante der Auflage ist etwas höher einzustellen als die Drehachse.
Beim Vordrehen wird die Schrupprõhre fast waagerecht angehalten.
Beim Arbeiten mit der Formröhre muß die Schneide etwas höher angehalten werden.
b und c Sauberdrehen mit dem Flachmeißel.
Beim Ansetzen des Werkzeugs ist große Vorsicht geboten. Die Werkzeugauflage ist höher und nahe am Werkstück einzustellen. Der Meißel ist zunächst flach auf das rotierende Werkstück zu legen, damit die untere stumpfe Kante der Fase das Holz berührt. Der Meißel muß nun vorsichtig so weit zurückgezogen werden, bis die Mitte der Schneide greift und einen feinen Span abhebt.

Die Drechselmaschine läuft, wie alle Maschinen für die Holzbearbeitung, mit hohen Umdrehungszahlen. Für Werkstückdurchmesser von 20 bis 50 mm liegt die angemessene Drehzahl zwischen 3000 und 2000 Umdrehungen in der Minute. Für harte Hölzer ist die Schnittgeschwindigkeit niedriger als bei Weichholzarten.

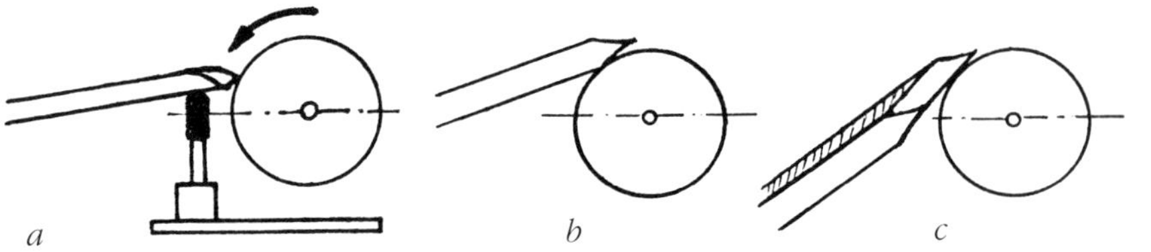

Festes Spannen des Werkstückes und eine sichere Auflage für die Drehmeißel sind eine wichtige Voraussetzung für unfallfreies Arbeiten.

Der »Kantel« – das Langholzstück mit vier- oder achteckigem Querschnitt – wird mit der Schrupppröhre rund gedreht. Die Handauflage muß soweit wie möglich an das Werkstück herangeschoben werden. Ihre obere Kante soll etwas höher stehen als die Drehachse. Die rechte Hand faßt das Heft fest an, die linke umfaßt den Stahl und führt ihn in Richtung der Drehachse auf der Anlage entlang, gleichmäßig den Span abhebend. Der Anhaltewinkel der Schrupppröhre ist aus der Zeichnung ersichtlich.

Mit der Formröhre, die einen kleineren Durchmesser der Rundung hat und bei der die Schneide seitlich weiter nach hinten geschliffen ist, werden alle Hohlkehlen ausgedreht. Die Schneide ist dabei etwas höher anzuhalten als beim Vordrehen mit der Schrupppröhre.

Übungen im Drechseln.
Zum Erwerb von Sicherheit beim Umgang mit dem Drechselwerkzeug werden folgende Übungen empfohlen:
a Mit der Formröhre.
Versuchen Sie, mit der Formröhre Hohlkehlen in die vorher sauber überdrehte Walze einzuschneiden. Wenn mehrere Kehlen gleicher Form und Tiefe zustande gekommen sind, haben Sie schon eine gewisse Fertigkeit erreicht.
Sollen gehöhlte Kerben entstehen, so ist die Formröhre so nach der Seite zu drehen, daß die vordere Stelle der runden Schneide ins Holz greift. Von beiden Seiten ist die Kehlform bis zur Mitte zu führen. Vorsicht; nicht ins Holz haken!
b Mit dem Drehmeißel lassen sich Kerben, konische, spitze und gewölbte Formelemente drehen, wie sie beim Gestalten von Figuren angewendet werden.
Üben Sie zuerst, mit Bart und Spitze Kerben zu drechseln. Bei konischen Flächen zieht man schichtweise von beiden Seiten mit der Schneide das Holz ab. Mit dem Bart werden steilere Flächen geschnitten. Mit der Spitze sticht man an der Stelle, wo beide Schrägen aneinanderstoßen, vorher etwas ein.
Gewölbte Flächen, wie sie für Schultern und Arme der Dockenengel zu drechseln sind, entstehen, wenn man mit dem Bart das Eisen in Richtung Drehachse führt. Vorher ist mit Bart und Spitze eine Kerbe einzudrehen.

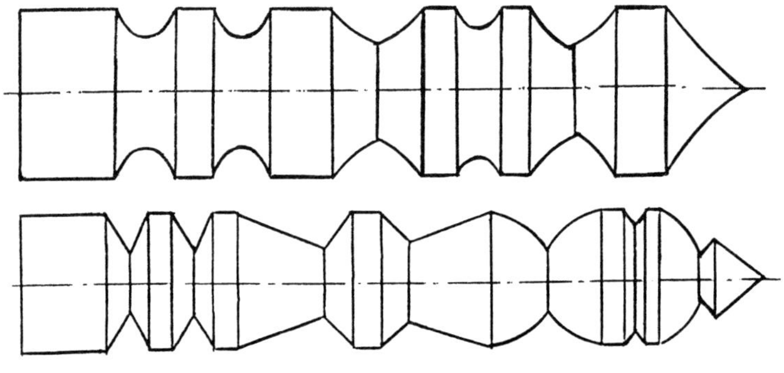

Das Drechseln mit dem Drehmeißel erfordert Feingefühl, das mit einiger Übung erworben werden kann. Anfänger, die beim Anlegen des Drehmeißels an das rotierende Werkstück nicht sicher sind, haken mit der Schneide in die Holzfasern ein. Um das zu vermeiden, muß der Drehmeißel mit Vorsicht so aufgelegt werden, daß zunächst die stumpfe Kante der Fase von oben auf die Walze zu liegen kommt. Das Werkzeug wird dann langsam zurückgezogen, bis die Schneide greift. Die Auflage muß etwas höher gestellt sein als bei Anwendung der Schrupppröhre. Die Schneide muß mit ihrer Mitte (zwischen Spitze und Bart) aufliegen, wenn der Span sauber abgehoben werden soll. In dieser Lage ist der Meißel parallel zur Drehachse an der Auflage entlangzuführen, so daß durch einen gleichmäßig starken Spanabhub die Oberfläche der Walze geschlichtet wird. Mit der Schneide und mit Bart und Spitze des Drehmeißels dreht man auch spitze Formen, konische Teile und nach außen gewölbte Flächen wie die Halbkugel. Sollen Kerben eingedreht werden, so schneidet man mit Bart und Spitze von beiden Seiten ein. Die Hirnfläche kann mit der Spitze abgestochen werden, wenn die Spitze auf die Drehachse gerichtet wird.

Es empfiehlt sich, alle Teilformen, wie Walze, Konus, Kerben, Wölbungen und Kehlen, an Probestücken zu üben, bevor man sich an größere Figuren wagt, bei denen es auf ausgewogene Gestaltung ankommt.

9 Form – Oberfläche – Farbe

Bei den Schnitzern bestehen unterschiedliche Auffassungen, ob die Oberfläche der Figuren mit Farbe überzogen oder ob sie im natürlichen Holzton belassen werden soll. Mit einiger Kenntnis über die handwerklichen Bedingungen und die verschiedenen Zweckbestimmungen des Schnitzens kommt man zu dem Schluß, daß keine der beiden Verfahrensweisen zur Oberflächengestaltung für alle Schnitzarbeiten absolut gültig ist.

Gebrauchsgegenstände, die der Handwerker aus Holz schnitzte, wie Löffel, Schalen oder Werkzeug, blieben roh, weil der Zweck es erforderte. Die Altarschnitzer gaben ihren Figuren eine farbige Hülle, oft mit symbolischer Bedeutung, wie himmelsblau oder purpur, die Farbe der Könige. Gold hat den obersten Rang als Ausdruck höchsten Adels, der Reinheit und göttlicher Macht und Gnade.

Nur wenige bedeutende Bildschnitzer kamen ohne Farbe und Vergoldung aus, ihren Figuren diesen Ausdruck des Göttlichen zu geben, wie Tilman Riemenschneider (um 1460 bis 1531) bei seinen Altären der Kirchen im Taubertal oder Hans Brüggemann (um 1480 bis nach 1523) mit den charaktervollen Eichenholzfiguren am Altar zu Bordesholm (seit 1666 im Dom zu Schleswig). Volkstümliche Schnitzer und Drechsler nutzen für ihre Figuren mit Motiven aus dem Alltagserleben oder dem Sakralbereich die Farbe zur Steigerung des Ausdrucks der plastischen Form.

Leider wirkten sich kunstgewerbliche Einflüsse zu Beginn dieses Jahrhunderts so aus, daß viele Schnitzer ihre Lindenholzfiguren nur roh beließen. Man muß sich aber vor Augen halten, daß es viele Gestaltungsmöglichkeiten gibt, durch die der Oberflächenreiz von Figuren aus farbigen und reichgemaserten Holzarten erhöht wird:

Unbekannter Meister: Anbetung des Christkindes, im Mittelschrein des Knappschaftsaltars der St.-Annen-Kirche zu Annaberg. Linde, farbig gefaßt und vergoldet, 1521.
Im Mittelschrein des Altars, der der heiligen Anna – Schutzpatronin der Bergleute – geweiht war, ist die Anbetung des Christuskindes durch die heilige Maria und eine Schar von Engeln im Hochrelief dargestellt. Maria und Joseph, der, mit einer Laterne leuchtend, hinzugetreten ist, sind in voller Lebensgröße geschnitzt. An den Stall erinnern Ochse und Esel, deren Köpfe sich über den Engeln in die Mitte des Bildes drängen. Auf der linken Seite des Bildfeldes tauchen die Hirten auf – in Feststimmung, mit Geschenken, der vordere auf dem Dudelsack spielend.
Der damalige Reichtum durch den Bergsegen im Erzgebirge kommt durch die übermäßige Verwendung von Blattgold zum Ausdruck, mit dem die Gewänder der Heiligen, der Engel und selbst der Hirten belegt sind. Das Lindenholz wurde mit Zinnkraut geglättet, mit Kreide überzogen, darauf trugen die »Faßmaler« die leuchtenden Farben auf. Unter die vergoldeten Flächen trug man vorher Bolus auf, eine rote Tonerde, auf der die mit Leim bestrichenen Goldblättchen fest haften.

Meister des Bordesholmer Altars Hans Brüggemann.
Schmerzensmutter aus der Kreuzigungsgruppe.
Eiche, 1525.
Jugendliche Sinnenfreude und Schmerz der Trauernden – das sind die beiden Pole starken Ausdrucks, wie sie besonders in der Sakralplastik wirksam geworden sind. Die Ausdrucksmittel sind Licht und Schatten, wie sie der Schnitzer durch die gewölbte Oberfläche oder mit tiefen Einbuchtungen im Holz erzeugen kann.
Auch für die lebensbejahende gegenwärtige Thematik im Figurenschnitzen gilt: Licht verbindet die plastischen Formen, Schatten zerlegt die Figur in Teilformen.

– Kleine Schnitzarbeiten erhalten ihren volkstümlichen Charakter, wenn sie bemalt werden und die Farbe zur Steigerung des Ausdrucks der Figur beiträgt.
– Wenn die Figuren aus einer Holzart gestaltet sind, die durch Maserung und Eigenfarbe den Ausdruckscharakter der plastischen Form verdeutlicht, dann muß auf ein Auftragen von Pigmentfarben verzichtet werden, weil diese die Wirkung der Maserung zerstören würden.
– Bei Figuren mittlerer Größe sollte die Oberfläche feinfühlig mit dem Werkzeug so gestaltet werden, daß entweder die Maserung gut sichtbar wird oder bei weniger ausdrucksstarken Hölzern dekorative Elemente die Oberfläche gliedern.

Eva, Detail aus der Vorhölle.

9.1 Oberflächengestaltung durch Schnitzen

Beim schichtweisen Herausarbeiten der Figur aus dem Holzblock ist die letzte Schicht diejenige, bei der die Form entsteht, die möglichst optimal der beabsichtigten Aussage entspricht. Die Farbe des Holzes und die Liniengebilde der Maserung führen oder binden den Blick wie auch die gewölbten Flächen und Kanten an der Figur. Es kommt beim Schnitzen der Oberfläche darauf an, daß das Bild der Maserung, das mit der zuletzt abgetragenen Holzschicht sichtbar wird, mit der Aussage der plastischen Teilformen übereinstimmt. Da beim plastischen Gestalten das Licht maßgeblich den Formeindruck mitbestimmt – das Licht auf gewölbten Flächen verbindet die Formen; Schatten in Höhlungen oder hinterschnittenen Stellen zerstört den Formzusammenhang –, hat das Konsequenzen für die Gestaltung der Oberfläche.

Die Oberfläche schneidet man so, daß sie möglichst viel Licht auffängt. Mit dem Balleisen fügt man Schnitt an Schnitt. Eben erscheinende Flächen sind leicht »ballig« (gewölbt) zu schneiden. Werden Flächen mit dem Hohleisen geschnitten, so fügen sich ganz flache, kaum sichtbare Wölbungen so aneinander, daß das auftreffende Licht leicht gestreut wird. Die Haut der »Eva« am Altar von Hans Brüggemann scheint zu atmen.

Durch Kanten, die je nach der Funktion im Schnitzwerk mit einem Grat deutlich in Erscheinung treten oder weich verbindend leicht abgestumpft sein können, werden die räumlich in verschiedenem Winkel liegenden Flächen miteinander verbunden. Mit dem Einfallswinkel des Lichtes verändert sich auch die Intensität des reflektierten Lichtes für das Auge des Betrachters – das räumliche Sehen wird dadurch möglich.

Günter Preuß: Trachtenfiguren. Linde, dekorativ beschnitzt, 1982.
Trachtenfiguren sind ein geeignetes Motiv, um das wenig gemaserte Lindenholz mit dekorativen Flächen zu beleben. Diese betonen bestimmte Stellen der Figur. Die Muster der Kleidung wurden nach Vorstudien in Knetmasse so gestaltet, daß sie mit dem Schnitzwerkzeug in das Holz übernommen werden können.

Diese Wirkung des Lichtes nutzen die Bildhauer, um ihre Skulpturen durch dekoratives Beschnitzen bestimmter Zonen »farbig« zu beleben, wobei die Maserung stark anteilig mitwirkt. Während das *Licht* auf schwellenden Formen zum Träger des Ausdrucks von Sinnenfreude und jugendlicher Lebenskraft wird, läßt auf dem plastischen Körper der *Schatten* den Ausdruck von Trauer und Schmerz sinnbildlich werden. Die »Trauernden Frauen« haben ihren Kopf in Tücher gehüllt, die das Antlitz in eine Schattenzone zurückdrängen. Tiefe Falten der Kleidung setzen rhythmisch scharfe Schatten, die das Gesicht mit den schmerzhaft geschlossenen Augen und die gefurchte Stirn rahmen.

Das Wissen um die gestalterischen Mittel Licht und Schatten ist für gegenwärtiges Gestalten ebenso anwendbar wie in früherer Zeit, auch dann, wenn ernste Thematik in einer abstrakteren Formensprache zum Ausdruck gebracht werden soll.

9.2 Farbige Oberflächengestaltung

Die Oberfläche der Schnitzfiguren kann durch Farbbehandlung so verändert werden, daß die gesamte Fläche einen einheitlichen Farbton erhält.

Beizen – im eigentlichen Sinne – ist das Behandeln einer Holzfläche mit einem chemischen Mittel, das die Farbigkeit der Holzzellen verändert. Die Beizen sind im Fachhandel erhältlich. Dort werden auch Auskünfte über ihre sachgemäße Anwendung erteilt.

Färben heißt, auf die Oberfläche des Holzstückes eine Farblösung auftragen, die die gesamte Fläche in einem gleichen Ton überzieht. Da in die weichen Zellen des Frühholzes mehr von der farbigen Flüssigkeit eindringt als in die festen Spätholzschichten, erfolgt eine Umkehrung der Helligkeitswerte der Maserung.

– Die herkömmlichen Färbemittel werden fälschlicherweise als Holzbeizen angeboten.
– Eine sauber geschnittene Holzfläche im Naturton wirkt immer edler als eine gefärbte.

Eine Änderung von Farbe und Oberflächenstruktur erfolgt durch Sandeln und Brennen des Holzstückes.

Beim *Sandeln* werden im Sandstrahlgebläse feine Sandpartikelchen mit großem Druck gegen das Holz geschleudert. In die weicheren Zellen des Frühholzes dringen sie tiefer ein als in die härteren Schichten des Spätwuchses. Neben einer gewissen Graufärbung tritt die Struktur der Jahresringe dadurch plastisch in Erscheinung. Das Werkstück erhält das Aussehen alten, verwitterten Holzes. Beim Sandeln sind die erforderlichen Schutzmaßnahmen zu befolgen.

Ein ähnlicher Oberflächeneffekt läßt sich erzielen durch das *Brennen* (siehe Bild Seite 109 unten) mit der Lötlampe oder über der Gasflamme. Dabei werden die Holzzellen angesengt. Mit einer Messingdrahtbürste entfernt man die obere Schicht des angekohlten Holzes. Dabei werden die Partikel des Frühholzes stärker abgetragen als die Schichten des harten Spätholzes. Anders als beim Färben, bleiben die Schichtlinien des Spätholzes dunkler; die des Frühholzes treten heller hervor. Den Grad der Färbung kann man mit der Intensität des Ausbürstens bestimmen. Mit der Technik des Brennens läßt sich für bestimmte Figuren die ästhetische Wirkung der Holzstruktur verstärken. Dagegen ist das gelegentliche Ansengen einiger Stellen der Brettoberfläche als modischer Effekt zu verwerfen, weil dabei nicht auf die natürlich entstandene Zeichnung der Holzmaserung eingegangen wird.

Der Auftrag von Pigmentfarben – das *Bemalen* – spielt für das Gestalten figürlicher Szenen eine weitaus größere Rolle als die bisher beschriebenen Techniken und Verfahren. Die Farben können sowohl lasierend als auch deckend aufgetragen werden. Das trifft für Wasserfarben ebenso zu wie für Öl- oder Acrylfarben. Da im Fachhandel Farben aus verschiedenen Substanzen und mit unterschiedlichen Bindemitteln angeboten werden, empfiehlt es sich, dort Rat zu holen, welche Fabrikate für die jeweilige Zweckbestimmung am besten geeignet sind. Als allgemeine Forderung sollte bedacht werden, daß durch den Farbauftrag der Charakter des beschnitzten Holzes erhalten bleibt, daß die Farben sich untereinander mischen lassen und daß sie, nach einem eventuellem dünnem Überzug mit einer fixierenden Schicht aus Latexbinder oder farblosem Mattlack wisch- und waschfest sind und nicht glänzen.

Für viele Figuren eignen sich Farbzusammenstellungen, die den natürlichen, im und am Holz vorkommenden Farbtönen nahekommen. Das sind alle Töne zwischen Hellgelb, Orange, Rot, Braun bis Braungrün. Mit dieser Farbauswahl ist es auch möglich, nur einen Teil der Holzoberfläche mit Farbkanten, d. h. schmalen Flächen von farblichen Mustern, zu überziehen. Beim dekorativen Gestalten gedrechselter Körper harmonieren diese mit den dunkelbraunen Streifen, die entstehen, wenn man einen festen Buchenholzspan gegen das rotierende Werkstück drückt.

Werden Farben verwendet, die sich im Farbkreis gegenüberliegen, wie Grün – Rot, Blau – Orange oder Gelb – Violett, so empfiehlt es sich, die grellen Farben in ihrer Leuchtkraft etwas zu brechen. Mit etwas stumpferen Farbtönen wird die Ganzheit der plastischen Form nicht zerstört. Die erzgebirgischen Drechsler und Schnitzer verwendeten früher Leimfarbe für die Figuren von Bergleuten und Leuchterengeln. Die durch die Leimzugabe entstandene Trübung der Grundfarben ließ in Verbindung mit Gold- oder Silberpigmenten auf dem Figurenkörper einen farbigen Wohlklang entstehen.

Die größeren Farbflächen werden mit dem breiten Pinsel, Randstreifen, wie an den Engelsflügeln, mit einem feinen Haarpinsel aufgetragen. Stanniolplättchen, auch Goldpapier, kann auf die bemalten Flügel aufgeklebt werden. Sowohl auf die Flächen der Flügel als auch auf den gedrechselten Körper des Weihnachtsengels tupft man mit schmalen Stücken vom Naturschwamm feingliedrige Dekorstreifen auf.

Frieder Weigel: Zebra mit Fohlen. Kiefer, Höhe 17 cm, 1973.
Die beiden Tiere, Mutter und Fohlen, sind so aus dem stark gemaserten Holz herausgeschnitzt, daß die Fasern durch die dünnen Formen der Beine laufen. Die Maserung zeichnet Linien auf die Tierkörper, ähnlich den Streifen am Zebra.

Oberflächenschutz

Durch *Wachsen* mit farblosem Bohnerwachs oder Wachspaste für Leder erreicht man auf Holz einen schönen Mattglanz, wenn man nach dem Eintrocknen mit einer harten Bürste darüberstreicht. Der Wachsüberzug ist nicht wasser- und kratzfest. Die gewachste Oberfläche härtet nicht völlig ab. Aufklebender Staub macht die Oberfläche unansehnlich. Er ist schwer wieder zu entfernen.

Zum *Mattieren* werden die Poren des Holzes mit einer dünnen Schicht aus farblosem Mattlack verschlossen. Eine stumpf glänzende Oberfläche entsteht, die mit Wasser gereinigt werden kann. Am besten taucht man das Werkstück in die Flüssigkeit und läßt diese anschließend abtropfen. Mit *Latexbinder* läßt sich die gleiche Wirkung erzielen.

9.3 Überprüfen der Gestaltung vor dem Abschluß der Arbeit

Sie haben das Buch mehrfach durchgeblättert oder als Ganzes gelesen. Oder Sie ließen sich von den Bildunterschriften verleiten, nun die zugehörigen Textseiten gründlicher zu lesen. Von starkem Interesse getrieben, griffen Sie die eine oder andere Anregung auf, und Sie versuchten, Figuren selbst zu schnitzen. Wenn Sie gut gearbeitet haben, so tritt vor dem Abschluß der gestalterischen Tätigkeit eine Phase ein, in der Sie sich selbstkritisch fragen, ob das, was Sie geschaffen haben, auch gut ist oder ob das Ganze mißlungen ist.

Wenn das eintritt, so hat es Sinn, etwas Abstand von der Arbeit zu suchen. Zu leicht verliebt man sich in eigene Fehler; sensible Menschen übersehen ebenso häufig die Vorzüge ihrer Arbeit, besonders, wenn sie etwas Neues, Eigenwilliges geschaffen haben, zu dem Maßstäbe zum Vergleichen fehlen. Fragen Sie Ihre Freunde – hüten Sie sich aber vor Lobhudelei! Wenn ehrliche Menschen Sie auf Dinge hinweisen, die Sie »besser machen könnten«, so sollten Sie sich nicht gekränkt fühlen, sondern über den kritischen Hinweis nachdenken und – eigene – Wege suchen, das Werk weiterzuführen.

Lassen Sie die Arbeit eine Weile als Ganzes auf sich wirken. Eine Figur wirkt im unterschiedlichen Licht des Tageslaufes verschieden auf den Betrachter. Das milde Licht der Dämmerung verbindet versöhnend die Formen; grelles Sonnenlicht überzeichnet die beleuchteten Zonen. Scharfe Schatten schneiden tiefe Löcher in den Organismus der Form; das Bild der Maserung zerfällt in wirre Teile.

Eine Figur sollte, besonders wenn sie widersprüchliche Gedanken zum Ausdruck bringt, ein *Ganzes* sein. Der Satz der Philosophen, daß das Ganze stets mehr als die Summe der Teile ist, kann Maßstab sein, mit dem Sie prüfen, ob Sie mit Ihrer Figur aussagen, was Sie sich vorgenommen haben:

– Wenn Sie kritisch das vor der Vollendung stehende Werk betrachten, sollten Sie es drehen oder umschreiten: Ist die beabsichtigte Aussage von allen Seiten ablesbar? Dieses Prinzip der Allansichtigkeit formulierte der französische Bildhauer Auguste Rodin (1840 bis 1917) mit folgenden Worten: »Zeichnung von allen Seiten, das ist die Beschwörungsformel der Skulptur. Das Ergebnis ist wunderbar: Diese Methode läßt zugleich mit allen Profilen des Körpers die Seele entstehen.«

– Versuchen Sie, wie ein Fremder die »Vokabeln« Ihrer Plastik abzulesen. Beginnen Sie (wie auf Seite 69ff beschrieben), von den Füßen her zu erfassen, was die plastische Form auszusagen hat. Verfolgen Sie die blickführenden Linien an der Figur von den Füßen über die Beine zum Rumpf. Vergleichen Sie, ob der dort ablesbare Ausdruck mit der Aussage des Oberkörpers und mit der Gestik – der Bildsprache der Arme und der Hände – übereinstimmt oder ob ein von innen motivierter Widerspruch erkennbar wird.

Heinz Groß: Mädchen mit Puppe. Birnbaum. Höhe 25 cm, 1967. Lehrgang für Schnitzmeister, Annaberg.
Das hingebungsvolle Spiel eines Mädchens als Puppenmutter ist in der Kleinskulptur ausdrucksvoll erfaßt. Das inhaltliche Anliegen, enges Umschließen beider Figuren, deren Körperglieder sich reliefhaft an den Rumpf des Kindes anschmiegen, kann von allen Seiten abgelesen werden. Die Struktur des feinfaserigen Holzes erlaubte eine differenzierte Gestaltung der Oberfläche mit den verschiedenen Schnitzwerkzeugen, wie an den gespannten Hautzonen des Gesichtes, der Hände und der nackten Beine sichtbar wird. Das Motiv streng rhythmischer Einkerbungen, von den Zehen her anklingend, kehrt im Rock, in den Händen und in den Haarsträhnen der Puppe wieder. Es klingt am leicht geneigten Kopf in den geschwungenen Formen des Haares über der Stirn des verträumt dastehenden Kindes aus.

– Im Kopf sollte sich der Ausdruck des Körpers und seiner Teile potenzieren. Die sich im menschlichen Bewußtsein widerstreitenden Gefühle und Gedanken oder auch innere Harmonie sind im Spiegel des Antlitzes sichtbar. In dem Bestreben, dort Typisches zu erfassen, wird oft mit vielen kleinen Schnitten dem Holz zuviel zugemutet, der Formzusammenhang wird zerstört. Überprüfen Sie sehr kritisch, ob es Ihnen gelungen ist, die Formensprache des Antlitzes an die der übrigen Teile des Körpers anzugleichen.
– Beim Vergleich der Aussage zwischen dem Kopf und den übrigen Körpergliedern und plastischen Teilformen sollten Sie sorgfältig darauf achten, daß die blickführenden Formteile auf die wesentlichen, die Aussage bestimmenden Formen hinweisen.
– Mit den blickführenden und blickbindenden Formbestandteilen der Figur steht die Frage im Zusammenhang, wie die Eigenart der Maserung in diese Aufgabe einbezogen worden ist. Unterstützen die Linien der Maserung die Grundaussage? Läßt die Zeichnung im Holz die Figur als Formganzes erkennen, oder wird durch das harte Anschneiden an Körperkanten die Figur in Teile zertrennt?
– Anspruchsvolle Schnitzer und Kenner der Kriterien guter Schnitzkunst werden ihr Augenmerk darauf richten, wie feinfühlig die Oberfläche der Figur mit dem Werkzeug gestaltet wurde. Hüten Sie sich vor Routine, mit der alle Figuren mit gleichen glatten Schnitten überzogen werden. Es gibt am Körper wie am Gewand Zonen, an denen die Oberfläche straff gespannt ist, an denen Teilformen ohne Zwischenform ineinander übergehen. Die Haut Jugendlicher ist spannungserfüllt. Die Formen sind straff nach außen gewölbt, das Licht verbindet sie.
– Schneiden Sie Hohlformen nur dort, wo sie zur Aussage nötig sind. Jede Hohlform verwehrt dem Licht den Eintritt. Schatten zertrennt die Form.
– Suchen Sie für stoffliche Erscheinungen – Haar, Bart, Haut, Gewebe … – mit dem Werkzeug Ausdrucksformen im Einklang mit der Maserung zu finden, die Ihre Figur für das Auge und den Tastsinn des Betrachters kostbar werden läßt.

Literatur

Schnitzen und Holzgestaltung

Bachmann, Manfred: Holzspielzeug aus dem Erzgebirge. Zeichnungen von Hans Reichelt. – Dresden: Verlag der Kunst 1948

Bachmann, Manfred: Seiffener Spielzeugschnitzer. Leben und Werk der Volkskünstler Auguste Müller und Karl Müller. – Leipzig: Friedrich Hofmeister 1956

Bachmann, Manfred: Berchtesgadener Volkskunst. – Leipzig: E. A. Seemann Verlag 1985

Bachmann, Manfred und Karl-Ewald Fritzsch: Deutsches Spielzeug – Leipzig: Edition Leipzig 1965

Bachmann, Manfred und Hans Reichelt: Holzspielzeug aus dem Erzgebirge. – Dresden: Verlag der Kunst 1984

Badisches Landesmuseum Karlsruhe: Spielzeug und Handwerkskunst aus Thüringen und dem Erzgebirge, geschnitzt – gedrechselt – gedrückt. – Bruchsal 1991

Bilz, Hellmut: Erzgebirgisches Spielzeugmuseum Kurort Seiffen. Museumsführer. Überblick über die Entwicklung der erzgebirgischen Spielwarenindustrie bis zum Jahre 1945. – Seiffen 1970

Haller, Reinhard: Volkstümliche Schnitzerei. Profane Kleinplastiken aus Holz. – München: Callwey Verlag

Just, Johannes und Jürgen Karpinski: Sächsische Volkskunst. – Leipzig: Seemann Verlag 1982

Kunze, Rolf: Die Volkskunst des Schnitzens im Erzgebirge (Beiträge zur Folklorepflege Heft 7/8). – Schneeberg 1984

Kunze, Rolf: Volkstümliches Schnitzen und Gestalten in Holz. – Augsburg: Augustus Verlag 1990

Spamer, Adolf: Deutsche Volkskunst. Sachsen. – Weimar: Verlag Böhlau 1943

Tschekalow, Alexander K.: Russisches Volksspielzeug. – Dresden: Verlag der Kunst 1972

Wilsdorf, Helmut: Das historische erzgebirgische Bergmannshabit (Beiträge zur Folklorepflege Heft 33/34/35). – Schneeberg 1988

Holz und Technologie der Holzbearbeitung

Das große Buch vom Holz. – Zürich: Edition Atlantis 1976

Flade, Helmut: Holz. Form und Gestalt. – Dresden: Verlag der Kunst 1976

Lang, Dietmar: Schnitzen. Eine praktische Anleitung für Schnitzer und Holzbildhauer. – Leipzig: Fachbuchverlag 1984

Steinert, Rolf: Drechseln mit Holz. – Leipzig: Fachbuchverlag 1990

Spannagel, Fritz: Das Drechslerwerk. Ein Fachbuch für Drechsler, Lehrer, Architekten und Liebhaber. 2. Auflage. – Ravensburg: Otto Maier Verlag 1948 (Reprint 1981)

Wheeler, William und Charles H. Hayward: Holzschnitzen. Flachschnitzen. Vergolden. – Augsburg: Augustus Verlag 1990

Künstleranatomie

Bammes, Gottfried: Die Gestalt des Menschen. – Dresden: Verlag der Kunst 1964

Bammes, Gottfried: Die Gestalt der Tiere. – Leipzig: Seemann Verlag 1975

Bearbeitung anatomischer Tafeln nach:

Helmert, in: Froriep, Anatomie für Künstler. – Leipzig 1899

Schubert. Naturgeschichte des Tierreichs. – Eßlingen und München 1886

Ein besonderer Dank geht an die Leiterin des Museums für bergmännische Volkskunst Schneeberg und auch an die Landesstelle für erzgebirgische und vogtländische Volkskultur in Schneeberg

Sachregister